Luthers Bild und Lutherbilder
Ein Rundgang durch die Wirkungsgeschichte

Luthers Bild und Lutherbilder
Ein Rundgang durch die Wirkungsgeschichte

von Volkmar Joestel
und Jutta Strehle

Wittenberg 2003

„Martin Luther: Leben – Werk – Wirkung" Dauerausstellung im Lutherhaus Wittenberg

Projektgruppe Ausstellung: Dr. Volkmar Joestel,
   Rosemarie Knape, Jutta Strehle, Dr. Martin Treu (Leitung)
Wissenschaftlicher Beirat: Frieder Aechtner,
   Prof. Dr. Ulrich Barth, Prof. Dr. Helmar Junghans,
   Prof. Dr. Bernd Moeller, Prof. Dr. Dr. Johannes Schilling (Vorsit-
   zender), Günter Schuchardt, Gotthard Voß
Restauratorische Betreuung: Karin Lubitzsch
Ausstellungsgestaltung: Gössel und Partner, Bremen
Gesamtleitung: Dr. Stefan Rhein

Gefördert durch:
Europäische Union (Europäischer Fonds für regionale Entwicklung –
EFRE)
Bundesrepublik Deutschland (Die Beauftragte der Bundesregie-
rung für Kultur und Medien)
Land Sachsen-Anhalt (Kultusministerium)
Evangelische Kirche in Deutschland
Landesmarketing Sachsen-Anhalt GmbH

Impressum
Gestaltung Umschlag: Konstantin Zigmann
Wissenschaftliches Exposé zu den Lutherjubiläen:
Wolfgang Flügel M. A.
Redaktion: Rosemarie Knape
Katalog: Petra Wittig
Gesamtherstellung: MUNDSCHENK Druck+Medien

Bibliografische Information der Deutschen Bibliothek
Die Deutsche Bibliothek verzeichnet diese Publikation in der Deutschen Nationalbibliografie; detaillierte bibliografische Daten sind
im Internet über http://dnb.ddb.de <http://dnb.ddb.de> abrufbar.

ISBN: 3-9808619-3-7

Seite

Einleitung

Martin Luther ist die am häufigsten bildlich dargestellte Persönlichkeit der deutschen Geschichte. 1520 schuf Lucas Cranach d. Ä. (1472–1553), der Hofmaler Kurfürst Friedrichs des Weisen, mit dem Kupferstich „Luther als Mönch" das erste Porträt des Reformators. In den folgenden Jahren entstanden weitere Lutherbildnistypen von Cranach d. Ä. oder seinem Sohn Lucas Cranach d. J. (1515– 1586), so z. B. „Luther mit dem Doktorhut", „Luther als Junker Jörg", „Luther als Ehemann", „Luther als Professor" und „Luther als Kirchenvater". Diese Lutherporträts beeinflussen die Künstler bis in unsere Zeit. In den vergangenen fünf Jahrhunderten wurde Luthers Porträt auf Grafiken, Gemälden und Medaillen verewigt. In sinnbildlichen Zusammenhängen fand sich seine Person auf Gedenkblättern und Spottbildern. Im 19. Jahrhundert entstanden für Luther zahlreiche Denkmäler und Gedenkstätten. Das Leben des Reformators wurde vor allem in Form von grafischen Folgen, aber auch auf Historiengemälden vorgestellt. Meist anlässlich von Luther- bzw. Reformationsjubiläen wurden zahllose Andenken wie Tassen, Teller, Gläser und Dosen mit Lutherdarstellungen produziert.

Doch jede Zeit schuf sich ihr eigenes „Lutherbild". Der bekannte Lutherforscher Gerhard Ebeling (1912–2001) fasste das in die Worte: „Ein halbes Jahrtausend ist ein Zeitmaß, durch das auch ein großes Geschichtsereignis, wenn in solche Ferne entrückt, sich perspektivisch verkleinert, während seine Wirkungsgeschichte in den Jahrhunderten anschwillt zu einem ausufernden Strom."

Vor allem Luther- und Reformationsjubiläen boten Anlässe, sich mit der Person des Reformators und reformationshistorischen Vorgängen auseinander zu setzen. So wurden und werden Lutherrezeption und „Lutherbilder" – in der doppelten Bedeutung des Wortes – zu Elementen der politischen, Geistes- und Kulturgeschichte.

Das Lutherhaus Wittenberg beherbergt die umfangreichste Sammlung zur bildlichen Lutherrezeption von 1546 bis zur Gegenwart. Die zeitliche Spannweite und die Unterschiedlichkeit der Objekte verdeutlichen das Gemälde mit dem Lutherporträt nach Cranach aus dem 16./17. Jahrhundert *(Abb. 1)* und die Bronzeplastik Wieland Försters (geb. 1930) von 1982 *(Abb. 2)*.

■ *Abb. 1   Martin Luther, Öl auf Leinwand, 16. /17. Jh., Ausschnitt*

■ *Abb. 2   Martin Luther, Wieland Förster, Bronze, patiniert, 1982*

Lutherverehrung und Lutherverdammung im 16. Jahrhundert

Bereits seit 1519 stilisierten Luthers Anhänger den Reformator zum Bruder und Mitapostel Christi, Werkzeug Gottes, neuen Propheten Daniel oder Elia, zum neuen Apostel Paulus, zum Engel gemäß der Offenbarung des Johannes, zum Retter der Christenheit und deutschen Herkules. Folglich zeigen die Lutherporträts, wie zum Beispiel der aus mehreren Teilen zusammengesetzte Riesenholzschnitt *(Abb. 3)*, eine unantastbare kirchliche Autorität. Indem man den oberen Holzstock austauschte, konnte man auch andere Persönlichkeiten darstellen, wie Philipp Melanchthon und Jan Hus. Dieser Holzschnitt könnte Johann Gottfried Schadow (1764–1850) etwa zweihundertfünfzig Jahre später zu seinen Entwürfen zum Wittenberger Lutherdenkmal inspiriert haben.

■ *Abb. 3   Martin Luther, Lucas Cranach d. J. (Werkstatt), Holzschnitt aus elf Teilen, um 1560*

Nach dem Tode des Reformators wurde sein Bild von Männern geprägt, die noch bei ihm studiert haben. Sie verfestigten das Bild vom „Propheten und Apostel". Ludwig Rabus (1523–1592) stellte ihn 1556 in eine Reihe mit christlichen Zeugen und Märtyrern. Johannes Mathesius' (1504–1565) Biografie von 1566 formte das Bild des Reformators im lutherischen Raum für 300 Jahre: Luthers Werk wurde Teil der Heilsgeschichte. Es begann ein neues Kapitel des Evangeliums Jesu Christi. Allein bis zum Ende des 16. Jahrhunderts wurden elf Auflagen gedruckt. Cyriakus Spangenbergs (1528–1604) Predigten über Luther, zwischen 1563 und 1574 in Einzelausgaben gedruckt, erschienen 1589 unter dem Titel „Theander Lutherus" (Gottesmann Luther). Er sei „unser letzter Apostel" gewesen.

Die innerlutherischen Streitigkeiten, in denen jede Seite versuchte, den Reformator zum Kronzeugen der eigenen Auffassung zu erheben, verstärkten diese Tendenzen. Auf der Radierung „Lutherus triumphans" *(Abb. 4)* hält Luther dem Papst die geöffnete Bibel entgegen. Dieser kann nur mühsam von seinen Anhängern gestützt werden. Er ist als Leo X. (1475–1521) gekennzeichnet. Unter Luther steht eine große Anhängerschar. Zwischen den beiden Gruppen findet sich die Figur des Matthias Flacius Illyricus (1520–1575) mit der Beischrift „Judas". Flacius hatte sich einen Namen als besonders eifriger Verfechter des „wahren" Luthertums gemacht.

■ *Abb. 4   Lutherus triumphans, Radierung, um 1569*

■ *Abb. 5   Der Ketzerbaum, Abraham Nagel, Holzschnitt, 1589*

DELINEATIO MALÆ ARBORIS LVTHERANÆ.

Das ist

Ein eygentliche Entwerffung / vnd Fürstellung deß bösen vnfruchtbaren Luther oder
Ketzerbaums / darauß zuuernemen / was deß Baums Wurtzel / Stammen vnd Näst / ja
wie auch der gantz vermeynt Christenbaum beschaffen ꝛc.
Durch M. ABRAHAMVM NAGELIVM GAMVNDIANVM

Reformations-Gedenkfeiern wurden in Pommern, Frankfurt/Oder und Hamburg am Jahrestag der Einführung der Reformation, d. h. der Inkraftsetzung einer Kirchenordnung, begangen. In Eisleben gedachte man Luthers Todestages am 18. Februar. Vor allem in Süddeutschland feierte man 1580 den 50. Jahrestag der Augsburger Konfession.

Luthers Gegner sahen in ihm einen falschen Propheten und Erzketzer, eine Ausgeburt des Satans, den Verderber der Christenheit und den Vater allen Aufruhrs wider die von Gott gesetzten Obrigkeiten. Das seltene Spottbild „Der Ketzerbaum" *(Abb. 5)* zeigt den Reformator mit sieben Köpfen als Stamm des Baumes. Im rechten Arm hält er die Nonne Katharina von Bora (1499–1552) und in der linken Hand einen Trinkbecher. Über ihm steht in Latein: „Meine Braut ist meine Schwester". Im Geäst sind Melanchthon (1497–1560), sich gegenseitig bekämpfende Reformatoren und unzählige Insekten zu sehen. In den Wurzeln sind der Teufel, böse biblische Gestalten und Höllentiere zu erkennen. Im Hintergrund rechts scheint das Paradies in Aufruhr, und links brennen zwei Ketzer.

Reformationsjubiläen im 17. Jahrhundert

Die Jubiläen zum 100. Jahrestag des Beginns der Reformation 1617 und der Verlesung der Augsburger Konfession 1630 standen im Zeichen des Konfessionalismus und des Dreißigjährigen Krieges. Sie wurden von lutherischer Seite zum Kampf sowohl gegen die an Boden gewinnende Gegenreformation als auch gegen den Kalvinismus genutzt. Die Hauptaktivitäten der protestantischen Reichsstände hatten sich vom lutherischen Sachsen auf die kalvinistische Kurpfalz und auf das seit 1613 gleichfalls kalvinistische Kurbrandenburg verlagert. Kursachsen versuchte daher, auch mit dem Jubiläum von 1617, die Führerschaft der protestantischen Reichsstände zurückzuerlangen. Zum anderen ging es ihm darum, sich als alleinigen und rechtmäßigen Hort der Wahrheit zu legitimieren. Diesen Zielen entsprachen auch die Festlegungen des sächsischen Oberkonsistoriums für die Predigttexte zu den Jubiläen. So ließ es z. B. die Auslegung des Psalms 76 zu, Sachsen als das neue Israel darzustellen und folglich die sächsische Geschichte in Analogie zu den Ereignissen des Alten Bundes zu verstehen. Die feste Verbindung von Landesherrschaft und Reformation zeigt sich auch in einem Gedenkblatt von 1617 *(Abb. 6)*.

■ *Abb. 6   Gedenkblatt zum Reformationsjubiläum 1617,
Hans Troschel, Kupferstich, Nürnberg 1617*

LUx tenebris est orta, facem gestante LUTHERO,
    Accensa est sacris, non aliunde, libris.
Nil agis, ô triplici Draco trux caput aucte coronâ:
    Non vis fraufve DEI tollere verba queunt.
Exulet à nostris procul indulgentia terris;
    Non venit, gratis gratia Dia venit.

■ Abb. 7   Entlaufener Ablasskrämer und hell leuchtendes evangeli-
            sches Licht, Konrad Grahle, Radierung, 1617

■ Abb. 8   Wunderwerk D. Martin Luthers: Der päpstliche Stuhl wird
            sinken, Kupferstich, Freiberg 1618

Luther und Melanchthon halten ein Buch mit der Aufschrift „Das Wort des Herrn bleibt in Ewigkeit". Die sächsischen Kurfürsten Friedrich der Weise (1463–1525) und Johann Georg I. (1585–1656) sind die weltlichen Beschützer der Reformation. Das Bild wird überstrahlt von der Dreifaltigkeit: Jesus Christus, der Taube des Heiligen Geistes und Gottvater, symbolisiert im hebräischen Gottesnamen.

Das theologisch bestimmende orthodoxe Lutherbild stilisierte den Reformator als evangelischen Kirchenvater mit unantastbarer Autorität, dessen Lehre mit dem Wort Gottes identisch war. Bildliche Darstellungen zeigen vor allem die Gleichsetzung von Papst und Antichrist. Auf einem Gedenkblatt 1617 *(Abb. 7)* tritt Luther mit der Heiligen Schrift und einer Fackel einem löwenähnlichen Ungeheuer mit Papstkrone entgegen. Im Hintergrund flieht ein Ablassprediger, gefolgt von Mäusen, die Jesuitenkappen tragen. Sein Kopf wird von Insekten umschwirrt – im Mittelalter Sinnbild für schlechte, das Gebet störende Gedanken oder für ungläubige Menschen. Auch die Identifizierung Luthers mit dem „Engel der Offenbarung" gemäß der Apokalypse des Johannes wurde 1617 in Jubiläums-Predigten und auf Gedenkblättern ein festes Bild *(Abb. 8)*. Luther fliegt als Engel mit Posaune und einer Bibel mit der Aufschrift „Suchet in der Schrift, denn sie zeugt von mir" (Joh. 5, 39) dem Papst entgegen. Unter ihm zeigt ein anderer Himmelsbote mit der Überschrift „Apoc 14" an, dass Luther der in der Offenbarung des Johannes angekündigte Engel ist, der das Evangelium verkündet. Im Hintergrund flieht ein Ablassprediger. Der Papst ist im Begriff, von seinem Stuhl zu fallen und wird von zwei Jesuiten und drei Bettelmönchen mit Heugabeln und einer Säule gestützt. Mit der Schere am Papstthron sollen dem Engel die Flügel gestutzt werden.

Zu einem weit verbreiteten künstlerischen Attribut Luthers wurde der Schwan *(Abb. 9)*. Der Hintergrund war Luthers Äußerung von 1531: „Johannes Hus hat von mir geweissagt, sie werden jetzt eine Gans braten (denn Hus heißt eine Gans); aber über hundert Jahre werden sie einen Schwan singen hören, den sollen sie leiden." Hus wurde 1415 in Konstanz verbrannt. Durch Luthers Deutung der Voraussage auf seine Person und deren Verbreitung entwickelte sich dieser Bildtypus.

Die Gans-Schwan-Allegorie findet sich auch auf einem anlässlich des Reformationsjubiläums 1617 erstmals veröffentlichten Holzschnitt „Der Traum Friedrichs des Weisen"

LVTHER der trewe Gottes HELD
Zun̄ider Teufel pabst vnd welt
hat mit der BIBEL rein vnd clar
Erleuchtet was verfinstert
war.

■ *Abb. 10   Der Traum Friedrichs des Weisen, Conrad Grahle,*
         Holzschnitt, 1617

(Abb. 10). Das Blatt zeigt eine in der zweiten Hälfte des 16. Jahrhunderts entstandene Legende: Kurfürst Friedrich der Weise träumt in der Nacht vor Luthers Thesenanschlag, dass Gott ihm einen Sohn des Apostels Paulus in Gestalt eines Mönchs geschickt hat. Dieser möchte etwas an die Schlosskirche schreiben. Als der Kurfürst zustimmt, zückt der Mönch eine lange Feder, die bis nach Rom reicht, dort einem Löwen (Papst Leo X.) durch den Kopf sticht und dem Papst die Krone vom Kopf stößt. Vom Papst aufgefordert sich zu wehren, will der Kurfürst die Feder zerbrechen, jedoch erfolglos, da sie nach des Mönchs Worten von einer hundertjährigen böhmischen Gans (gemeint ist Jan Hus) stammt.

Herzog Christian von Braunschweig-Lüneburg (1599–1626) empfahl für das Jubiläum 1617 einen Tag der Besinnung und des Gebets, da „die Wellen um die Evangelischen ringsherum grimmig brausen, und dazwischen das Schiff der Evangelischen leider Not leidet und nicht in geringer Gefahr steht" – eine Vorahnung des im folgenden Jahr ausbrechenden Dreißigjährigen Krieges. Besonnene Stimmen, die einen Religionskrieg ablehnten, blieben in der Minderheit. Eine Grafik von 1619 gehörte dazu *(Abb. 11)*: Der Papst, Luther und Calvin bekämpfen sich gegenseitig. Der Stich war ursprünglich Teil des Einblattdruckes „Geistlicher Raufhandel" und dort kombiniert mit der Darstellung eines

■ *Abb. 9   Luther mit dem Schwan, Kupferstich, um 1620*

LUTHER. PABST. CALVINUS

■ *Abb. 11   Luther – Papst – Calvin, Kupferstich, 1619*

betenden Schafhirten, Symbol der „frommen Einfalt". Im Text klagt er: „Herr Jesu, schau du selbst darein. Wie uneins die drei Männer sein. Komm doch zu deiner Kirch behend. Und bring solch Zanken zu einem End." Diese Auffassung sollte erst über 100 Jahre später, in der Aufklärung, weithin vorherrschend werden.

Die militärischen Auseinandersetzungen wurden auch von Polemiken auf Grafiken und Flugblättern begleitet. 1620 wurde mit einer Karikatur Luthers und seiner Frau Katharina von Bora die Niederlage der Protestanten und die Vertreibung ihrer Prediger aus Böhmen nach der Schlacht am Weißen

■ Abb. 12 Nun muss es ja gewandert sein, Kupferstich, zwischen
1620 und 1630

Berg 1620 verspottet *(Abb. 12)*. Luther, dickbäuchig und ein
großes Trinkglas in der rechten Hand, muss auf Wander-
schaft gehen und führt in der Schubkarre die durch Bücher
und die Köpfe Melanchthons, Zwinglis und Calvins sym-
bolisierte evangelische Theologie mit. Weitere Anhänger
trägt er auf dem Rücken. Katharina folgt, mit einem Holz-
fass und der Bibel auf dem Rücken.
Auch die Jubiläumsfeiern zum 100. Jahrestag der Augsburger Konfession 1630 standen im Banne des Dreißigjährigen Krieges, wie ein Gedenkblatt zeigt *(Abb. 13)*.

■ Abb. 13 Gedenkblatt zum Jubiläum des Augsburger Bekenntnisses
1630, Kupferstich, 1630, Ausschnitt

Luther (links) verteidigt das Evangelium mit einem drei-
zackigen Spieß (der „allerältesten Wahrheit") gegen den
Papst, einen Kardinal und einen Mönch, die sich von einer
Frauengestalt mit Weinkrug, der „uralten Gewohnheit", verführen lassen. Rechts wehren drei Personen Angriffe des
päpstlichen Antichristen, der Jesuiten und von Lands-
knechten ab: der sächsische Kurfürst, ein Geharnischter
(der Schwedenkönig Gustav Adolf) und der triumphieren-
de Christus auf einem Pferd mit Krone und Schwert im Mund
(vgl. Offb. 1, 16).

In Kursachsen wurde 1667 das 150. und fortan jährlich am
31. Oktober das Reformationsjubiläum gefeiert. Alle Reformationsjubiläen im 17. Jahrhundert waren von tiefem
Ernst geprägt und – analog zu den wichtigsten Festen der
Christenheit Ostern, Pfingsten und Weihnachten – dreitä-
gig. Die landesherrlichen Anordnungen zu den Jubiläen sahen lediglich eine Ausschmückung des Kircheninneren mit
„grünen Maien" oder Tannengrün vor. Dem strengen Charakter der Feste entsprach auch das Verbot öffentlicher Lust-
barkeiten, wie etwa des Tanzes.

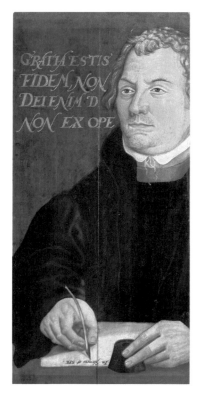

■ Abb. 14   Martin Luther,
Öl auf Holz, 17. Jh.
Fragment

Es entstanden großformatige Lutherbilder, die Cranachs Vorlagen folgten. Die Inschrift eines Gemäldes *(Abb. 14)* auf dem nur als Fragment erhaltenen Teil einer Emporenmalerei lautet übersetzt: „Aus Gnade seid ihr selig geworden durch den Glauben, und das nicht aus euch, Gottes Gabe ist es" (Eph. 2, 8). Luther vermerkt auf dem Schriftstück seinen Wahlspruch: „Im Stillsein und Hoffen wird eure Stärke sein" (Jes. 30, 15). Solche Gemälde gehörten seit dem 17. Jahrhundert zum festen Inventar der Kirchen. Häufigstes Attribut Luthers war die Bibel, wie beispielsweise auch auf einem Bleibild *(Abb. 15)*. Auffällig ist der lange Zeigefinger von Luthers rechter Hand, mit dem er auf die Heilige Schrift verweist. Rechts neben seinem Kopf findet sich der dem Reformator zugeschriebene Spruch: „Des Christen Herz auf Rosen geht, wenn es mitten unter dem Kreuze steht".

■ *Abb. 15   Martin Luther, Blei, getrieben, Anfang 17. Jh.*

Luthergedenken im 18. Jahrhundert

Am Beginn des Jahrhunderts betonte der Pietismus im Unterschied zur lutherischen Orthodoxie die innere persönliche Glaubensgemeinschaft mit Christus. Ein Aspekt des pietistischen Lutherbildes war die Trennung von jungem und altem Luther, wobei man sich vor allem auf seine frühe, vermeintlich mystisch geprägte Theologie konzentrierte. Auf bildlichen Darstellungen wurden Luthers Züge weicher, wie auf einem Gemälde von 1717 zu sehen ist *(Abb. 16)*. Gelegentlich wurden die Grenzen zu täuferischen Auffassungen fließend, die sich z. B. in der Grafik „Geist wider Wort" *(Abb. 17)* widerspiegelt: Die linke Bildhälfte symbolisiert die Kirche der „wahren Gläubigen", der Täufer und Spiritualisten. Der Apostel Paulus hält sein Schwert über die Bibel. Links von ihm stehen der heilige Bartholomäus und die Apostel Petrus und Johannes. Sie führen den Zug der christlichen Märtyrer an. Der Erzengel auf dem Berg verheißt ihnen das ewige Leben. Rechts sind die Kirchen des „toten Buchstabens" gezeigt. In der Mitte steht Luther, neben ihm Calvin mit dem falschherum gehaltenen Fernrohr, dahinter Papst, Kaiser, König und ein Kurfürst. Sie sind alle des Todes, wie der Sensenmann am Horizont verdeutlicht.

■ *Abb. 17 Geist wider Wort, Kupferstich, 17./18. Jh.*

Aber auch die traditionellen Gegensätze zwischen Lutheranern, Kalvinisten und Papstanhängern wirkten fort und fanden künstlerische Ausdrucksformen. Auf einem satirischen katholischen Blatt wurde versucht, Luther und sein Werk zu diskreditieren *(Abb. 18)*. Im Medaillon in der Mitte

■ *Abb. 16 Martin Luther, Öl auf Leinwand, 1717*

■ Abb. 18 Luthers Leben und Werk aus der Sicht der papsttreuen
Gegner, Radierung, 1730

■ Abb. 19 „Luther führt ein
lotterbübisch
Leben" (Detail
aus Abb. 18)

bekommt der Reformator seine Lehre von einem Teufel mit einem Blasebalg eingegeben. In den einzelnen Bildern zu Luthers Leben finden sich polemisch überzeichnete Begebenheiten. So zeigt die Szene rechts in der Mitte Luther auf dem Weg in ein Gast- bzw. Hurenhaus. Darunter ist zu lesen: „Luther führt ein lotterbübisch Leben" *(Abb.19)*.

Während die Anhänger Johannes Calvins Luther in ihre Ahnengalerie einreihten, hielten die Lutheraner an ihrer strikten Ablehnung des Kalvinismus fest. Die steinerne Inschrift aus einem Wittenberger Haus *(Abb. 20)* rief nicht nur zum Kampf gegen den Papst, sondern auch gegen Calvin auf. Offensichtlich fühlte sich der Besitzer des Hauses bemüßigt, die Inschrift zum Reformationsjubiläum 1717 zu erneuern.

■ *Abb. 20   Stein, Inschrift 16. Jh., erneuert 1717, Sandstein, vergoldet*

Den lutherischen Strömungen von Orthodoxie und Pietismus standen zunehmend Aufklärung und Rationalismus entgegen, die die „Vernunft" anstelle der Offenbarung als Quelle der Religion betonten. Damit wurde das pietistische Lutherbild umgekehrt: Als höchste Tugend galt nun nicht mehr innerliche Frömmigkeit, sondern Weltoffenheit, Erziehung zum Staatsdienst und zum Beruf. Hier liegt eine Wurzel des bürgerlichen Lutherbildes des 19. Jahrhunderts, das sich auch in Darstellungen zu Luthers Ehe ankündigt *(Abb. 21)*. Der Text der Grafik beschreibt Luthers Leben. Um die auch nach zweihundert Jahren nicht verstummten Verleumdungen über seine Eheschließung einzudämmen, wird berichtet: „1525 ehelichte er eine Klosterjungfrau, Katharina von Bora; ließ sie sich im 42. Jahres seines Alters ehelich

■ *Abb. 21 Martin Luther und Katharina von Bora, Kupferstich, 18. Jh.*

■ *Abb. 22 Augsburger Gedenkblatt, Carl Remshardt, Kupferstich, 1717*

antrauen im Beisein guter ehrlicher Leute zu Wittenberg: führte sie öffentlich zur Kirche und durch die Straßen und feierte eine ehrliche Hochzeit und zeugte mit ihr unterschiedliche Ehepflanzen."

Im Gegensatz zum 17. Jahrhundert gab es keine konfessionellen Kriege mehr, ein Sachverhalt, der beispielsweise in den Reden zum Jubiläum der Augsburger Konfession 1730 ausdrückliche Erwähnung fand. Die bedeutendsten Reformationsjubiläen wurden 1717, 1730 und anlässlich des 200. Jubiläums des Augsburger Religionsfriedens 1755 gefeiert. Der strenge Charakter trat zurück. Der Kirchenschmuck wurde umfangreicher und repräsentativer. Anleihen kamen dabei aus der höfischen, vom Barock geprägten Festkultur, wie Pyramiden und Ehrenpforten, was besonders deutlich wird in einer in Buchform veröffentlichten Folge von Kupferstichen zum Reformationsjubiläum 1717 in Augsburg *(Abb. 22)*. Das Innere der Barfüßer-Kirche ist zum Jubiläum festlich geschmückt, vor allem mit grünen Bäumen und Pflanzen. Porträts und Bibelverse zieren die Wände. Gegenüber dem Eingang wurde zwischen Seiten- und Mittelschiff eine zweitorige Ehrenpforte mit lebensgroßen Figuren von Christus, Moses und Johannes dem Täufer errichtet.

Es ging bei den Feiern auch nicht mehr ganz so streng zu: Die Kinder erhielten Brezeln, Äpfel oder „Jubelbrötchen". In Wittenberg wurde 1755 ein prächtiges Feuerwerk veranstaltet. Angesichts der gefestigten politischen Situation der Protestanten trat die konfessionelle Polemik zurück. In Kursachsen aber wurde vor dem Hintergrund des Übertritts des Landesherrn August des Starken (1670–1733) zum katholischen Glauben 1697 das lutherische Bekenntnis bewusst dem katholischen des Landesherrn entgegengestellt. In den Predigten zum Jubiläum 1717 fanden sich antirömische Angriffe. Die Leipziger Universität machte aus dem Beginn der Reformation 1517 sogar den Beginn einer neuen Zeitrechnung: „Im Jahr der Geburt Christi 1717, der Offenbarung des Antichrist 200".

Das aufklärerische Lutherbild feierte einen Geisteshelden, der im Auftrag Gottes Licht und Freiheit gebracht und damit den Weg vom mittelalterlichen „Aberglauben" zum freien Gewissen und zur Kritik eröffnet habe. Das widerspiegelt sich in einem Porträt Luthers als „Aufklärer" *(Abb. 23)*. Der Stich entstand zu einer Ode des lutherischen Pfarrers und Dichters Johann Andreas Cramer (1723–1788) auf Luther. Die Lutherdarstellungen dienten im Unterschied zum 17. Jahr-

■ *Abb. 23 Martin Luther als Aufklärer, Johann Martin Preisler, Kupferstich, um 1770*

hundert nun weniger der konfessionellen Polemik, denn der Erinnerung und Belehrung. Neben den traditionellen Gedenkblättern und -medaillen, wie z. B. anlässlich des Jubiläums der Augsburger Konfession 1730 *(Abb. 24)*, gab es neue bildnerische Formen zu den Jubiläen wie Wandkalender, Faltbriefe und flache, medaillonartige Kapseln, so genannte Schraubmedaillen. Es entstand – nach Ansätzen im 16. Jahrhundert – 1730 auch der erste grafische Zyklus zu Luthers Leben.

■ *Abb. 24 Gedenkmedaille zur Augsburger Konfession, Brandenburg-Ansbach, Georg Wilhelm und Andreas Vestner, Nürnberg, 1730*

Reformationsfeiern von 1800 bis 1871

In Anknüpfung an die Aufklärung fragte die idealistische Lutherdeutung, vor allem Fichtes (1762–1814) und Hegels (1770–1831), nicht mehr nach dem religiösen Ursinn der Reformation, sondern nach ihrer Bedeutung in der Geschichte des Geistes und nach ihrer Kulturleistung. Als Rektor der Berliner Universität formulierte Hegel in einer Rede anlässlich des Jubiläums 1830: „Dies ist der wesentliche Inhalt der Reformation: Der Mensch ist durch sich selbst bestimmt frei zu sein." Das gleichzeitige Lutherbild der Romantik tradierte eher negative Urteile über den Reformator. Zwar habe Luther auch die individuelle Freiheit befördert, gerade dadurch aber eine Intellektualisierung des Glaubens sowie die religiöse und politische Spaltung des Abendlandes bewirkt.
Am 17. März 1813 rief der preußische König Friedrich Wilhelm III. (1770–1840) sein Land zum Kampf gegen die napoleonische Fremdherrschaft auf. Mit Begeisterung tauschte die Bevölkerung ihre Wertsachen unter der Devise „Gold gab ich für Eisen", um den nationalen Kampf zu unterstützen. Eisenschmuck wurde zum Symbol für patriotische Gesinnung. Die seit dem ausgehenden 18. Jahrhundert verbesserten technischen Möglichkeiten der Eisenkunstgussproduktion wurden auch zur Herstellung verschiedener Lutherandenken genutzt *(Abb. 25)*.

■ *Abb. 25 Briefbeschwerer mit Lutherbüste und andere Lutherandenken, Eisenkunstguss, 1. Hälfte 19. Jh.*

Vor dem Hintergrund des Sieges über Napoleon verbanden die Studenten auf dem Wartburgfest am 18./19. Oktober 1817 den vierten Jahrestag der Völkerschlacht bei Leipzig und das 300. Jubiläum des Beginns der Reformation miteinander. Aus Luther wurde nun ein Kämpfer für die politische Freiheit Deutschlands. Den Gegenpol bildeten die Feierlichkeiten in Wittenberg am 31. Oktober 1817. Der preußische König nutzte seine hinzugewonnene politische Macht, um als kalvinistischer Herrscher in einem lutherischen Land die Einheit von Lutheranern und Kalvinisten in einer Kirche zu verwirklichen und um als „oberster Bischof" die preußische Allianz von Thron und Altar zu begründen. Zum Jubiläum betrat der König die Wittenberger Schlosskirche unter Orgelspiel und Kanonendonner. Am nächsten Tag wurde auf dem Wittenberger Marktplatz der Grundstein zum ersten Lutherdenkmal gelegt.

Weitere Reformationsjubiläen wurden 1830 anlässlich des 300. Jahrestages des Augsburger Bekenntnisses und 1839 anlässlich der Einführung der Reformation im albertinischen Sachsen bzw. in Brandenburg begangen. Sie wurden zu bürgerlichen Jubiläumsfesten, an deren Vorbereitung die in Vereinen und Festausschüssen organisierte Bevölkerung aktiv teilnahm. An Stelle der Kirche wurde zunehmend die ganze Stadt zum geschmückten und beleuchteten Festraum. Die Prozession der Honoratiorenschaft zum feierlichen Kircheneinzug wurde zum historischen Festzug aller, bei dem die Reformationsgeschichte nachgestellt wurde.

Hinter die Politisierung Luthers und seine Umdeutung ins Patriotische traten Religion und Theologie zunehmend zurück. Der Reformator galt nun als eine der größten Gestalten der deutschen Geschichte. Der später berühmte Historiker Leopold von Ranke (1795–1886) hatte sich bereits in einer Jugendschrift zum Jubiläum 1817 geäußert: „Heute ist's 300 Jahr. Wie raste Dummheit und Bosheit vereinigt gegen ihn! Wie zaghaft waren die Guten! Er allein stand unerschüttert; wie ein Fels im Meere." Auf einer Grafik von 1841 *(Abb. 26)* wird Luther zusammen mit Arminius (ca. 18 v. Chr.–ca. 21 n. Chr.) und dem preußischen Marschall Blücher (1742–1819) zum Ahnherrn der deutschen Einheit stilisiert. Walther von der Vogelweide (ca. 1170–1230) und Johann Gutenberg (1394/99–1468) sollen auf kulturelle Leistungen der Deutschen verweisen. Im Text heißt es u. a.: „Frei wird es sich bewahren, das schöne, deutsche Land! Wo Hermann Römerschaaren, mit Deutschen überwand.

■ *Abb. 26   Das Deutsche Land, I. F. Lüser, Farblithografie, 1841*

Sie sollen nicht besiegen, das Land, wo Luther sprach, der, Held in andern Kriegen, des Geistes Fesseln brach."

Das 19. Jahrhundert wurde von einem bis dahin nicht gekannten Lutherkult geprägt. So entstanden auch außerhalb der Jubiläumsfeiern zahlreiche Lutherdarstellungen. Als Mann des dritten Standes wurde Luther zum Vorbild bürgerlichen Selbstverständnisses: Er ist unermüdlich tätig und erfüllt streng alle Pflichten. Zu diesem Bild gehört auch die Darstellung Luthers als eines treusorgenden Familienvaters. Verbreitet wurde diese Sichtweise neben vielen grafischen Zyklen zum Leben Luthers vor allem durch kunsthandwerkliche Gegenstände mit Luthermotiven wie Tassen, Teller, Pfeifenköpfe, Dosen, Spieluhren usw. *(Abb. 27–29).*

■ Abb. 27 Martin Luther,
Stickerei, verglast,
1. Hälfte 19. Jh.

■ Abb. 28 Andenkentasse mit
dem Porträt Luthers,
Porzellan, um 1830

■ Abb. 29 Dose mit Porträts von Luther und Katharina, Holz, gedrechselt, 1. Hälfte 19. Jh.

Lutherdenkmäler

Die Idee zum ersten öffentlichen Denkmal für Luther ging 1801 von der „Vaterländisch-literarischen Gesellschaft der Grafschaft Mansfeld" aus. 1803 wurde ein erster Spendenaufruf veröffentlicht. Es kam zu einer heftigen Diskussion über das Für und Wider eines Monuments für den Reformator. 1804/05 wurden 22 eingereichte Denkmalprojekte in einer Publikation der Öffentlichkeit vorgestellt. Die Entwürfe, meist monumentale Architekturen, waren Abbilder des Stilpluralismus der Zeit *(Abb. 30)*. Die meisten der vorgestellten Ideen waren in ihren Ausmaßen jedoch nicht zu realisieren.

■ *Abb. 30 Entwurf zum Lutherdenkmal, „St." (Einsender), Jakisch (Zeichner), Liebe (Stecher), Stahlstich nach einer Zeichnung, 1805*

Ende 1805 entschied sich die Vaterländische Gesellschaft für den Entwurf Johann Gottfried Schadows *(Abb. 31)*. Er hatte die Schaffung eines schlichten Bronzestandbildes auf einem hohen Sockel vorgeschlagen, der durch verschiedene Reliefs mit Darstellungen zu Luthers Leben und dem Attribut Luthers, dem Schwan, geschmückt sein sollte. Sicher spielte auch der relativ niedrige Preis und die räumliche Flexibilität der Statue bei der Entscheidung eine Rolle, wobei Schadow zunächst nicht an eine Aufstellung seines Lutherstandbildes im Freien dachte.

Nach verschiedenen Reisen auf den Spuren Luthers stellte Schadow 1806 zunächst nur eine Büste des Reformators her *(Abb. 32)*. Die Vaterländische Gesellschaft erhielt davon einen Gipsabguss. Aufgrund der politischen Umstände kamen die Bemühungen um das Denkmal 1809 zum Erliegen. 1815 wurde das Projekt wieder aufgenommen, jedoch zog nun der preußische König die Planungen an sich. Verschiedene Künstler reichten neue Entwürfe ein, so z. B. Friedrich Weinbrenner (1766–1826) und Karl Friedrich Schinkel. Selbst Goethe (1749–1832) befasste sich in drei Skizzen mit dem Thema.

■ *Abb. 32   Martin Luther, Johann Gottfried Schadow, Gips, patiniert, 1807*

Über die Arbeitsphase an diesem Denkmal berichtete Schadow, dass er viel liest „von dem teuren Mann Martin Luther. Das Volk kennt ihn nicht mehr! Welche Größe! Welcher Heldenmut! Welch ein Heros! Er ist jetzt mein Heros, und ich bin innig von Verehrung für ihn durchdrungen. Mit inniger Liebe arbeite ich an seinem Bilde und verehre mein eigenes Werk!" *(Abb. 33)*
Anfang Oktober 1817 entschied der preußische König, das Schadow'sche Lutherdenkmal in Wittenberg aufzustellen. Die Grundsteinlegung erfolgte am 1. November 1817. Am Reformationstag 1821 wurde das Denkmal auf dem Marktplatz eingeweiht *(Abb. 34)*. Der Entwurf des Sockels und des Baldachins stammten von Schinkel (1781–1841). 1824

■ *Abb. 31   Entwurf zum Lutherdenkmal, Johann Gottfried Schadow, Klusemann, Radierung nach einer Zeichnung, 1805*

Johann Gottfried Schadow.

■ *Abb. 33 Johann Gottfried Schadow mit dem Modell seines Lutherdenkmals, Friedrich Ludwig Heine, nach Ludwig Buchhorn,
Lithografie, 1830*

schrieb dieser: „Der Baldachin [ist] fast zu leicht gehalten.
Der graue Anstrich des Eisens ist sehr schön getroffen gegen die rötliche Farbe des Granits. Das ganze Monument
[ist] dem Platz angemessen [und] von angenehmer Wir-
kung." Ein 1823 errichtetes Schutzgitter wurde 1928 wieder beseitigt.
Auch auf kunstgewerblichen Gegenständen, wie Tassen,
fand die Einweihung des Wittenberger Lutherdenkmals
seine Widerspiegelung *(Abb. 35)*.

■ *Abb. 34 Denkmal Dr. Martin Luthers zu Wittenberg, Johann Jakob
Kirchhoff, nach Ludwig Buchhorn, Stahlstich, nach 1821*

Denkmal Dr. Martin Luthers

zu Wittenberg.

eingeweiht d. 31. October 1821.

Dem erhabenen Gründer dieses Denkmals

des Königs von Preussen Friedrich Wilhelm III.

Majestät

in tiefster Unterthänigkeit

gewidmet

von

■ *Abb. 35   Tasse, Porzellan, bemalt, vergoldet, 1821*

Nach 1821 wurden in bzw. an verschiedenen Kirchen meist im Zusammenhang mit Reformationsjubiläen kleinere Lutherdenkmäler in Form von Porträtbüsten enthüllt. Erst 1868 wurde die bis heute wohl größte Denkmalanlage für Luther und die Reformation in Worms eingeweiht *(Abb. 36)*.

■ *Abb. 36   Das Lutherdenkmal in Worms, Julius Hübner, Hugo Bürkner, Holzstich auf Tonplatte, 1860*

Die Initiative und die Planungen für das Denkmal gingen 1856 von einem durch Wormser Bürger gegründeten Luther-Denkmal-Verein aus. Zwei Jahre später legte der Dresdner Bildhauer Ernst Rietschel (1804–1861) Entwürfe für eine aufwändige Gesamtanlage vor. Bis zu seinem Tod konnte er nur die Modelle für die Lutherfigur und die Figur Wiclifs fertig stellen. Drei seiner Meisterschüler, Adolf von Donndorf

(1835–1916), Gustav Kietz (1824–1908) und Johannes Schilling (1828–1910), setzten die Arbeiten fort. Am 25. Juni 1868 wurde das Denkmal für die Reformation unter großer Anteilnahme der evangelischen Christenheit eingeweiht. Um die hochaufragende Statue Luthers gruppieren sich vier sitzende Figuren von Wegbereitern der Reformation: Girolamo Savonarola (1452–1498), Johann Hus (1369–1415), Petrus Waldus (gest. vor 1218) und John Wiclif (1326/30–1384). An den Ecken der Denkmalsanlage stehen vier Förderer und Mitstreiter Luthers: Friedrich der Weise, Philipp der Großmütige (1504–1567), Johann Reuchlin (1455–1522) und Philipp Melanchthon. Zwischen diesen sitzen drei allegorische Frauengestalten, die drei für die Reformationsgeschichte bedeutsame Städte verkörpern: das „bekennende Augsburg", das „trauernde Magdeburg" und das „protestierende Speyer". Außerdem gibt es noch sechs Reliefs zu Luthers Leben, acht Porträtmedaillons mit Bildnissen weiterer für die Reformation bedeutsamer Persönlichkeiten, vier Spruchtafeln und 34 Städte- und Landeswappen.

Auch diese touristische Sehenswürdigkeit wurde von der Andenkenindustrie in vielfältiger Weise vermarktet. Bei vielen Gebrauchsgegenständen der Zeit fanden sich die von den monumentalen Lutherdenkmälern geprägten Lutherbildvorstellungen wieder. Die Spieluhr *(Abb. 37)* erinnert mit dem Lied „Ein feste Burg ist unser Gott" auch noch akustisch an Luther und machte dieses Stück zu einem beliebten Zimmerdenkmal.

Lange wirkten die Lutherdenkmäler von Schadow und Rietschel nach. Zahlreiche Denkmäler und Büsten des Reformators, in vielen Orten Deutschlands aufgestellt, können ihre Vorbilder nicht verleugnen. Weltweit existieren heute Hunderte von Erinnerungsmalen an Luther und die Reformation.

■ *Abb. 37   Luther-Statuette mit Spieluhr, nach Ernst Rietschel, Metall*

■ *Tafel 1   Wohnzimmer mit Lutherstuhl in der Regensburger Villa
Theresia, Jürgen Schmiedekampf, Wandmalerei (nach Foto
1890) 2003, davor Lutherstuhl, Nussbaum, Ende 19. Jh.*

Lutherstuhl

Mit dem Burschenschaftsfest 1817 rückte die Wartburg in den Blickpunkt der patriotisch gesinnten Deutschen. Nach und nach wurde sie zum Nationaldenkmal stilisiert. 1838 begannen die Restaurierungsarbeiten. Aber nicht nur das Äußere der Burg sollte mittelalterliche Atmosphäre vermitteln, sondern auch die Innenräume. Luthers Stube, als Wallfahrtsort des nationalen Bürgertums, kam dabei eine besondere Bedeutung zu *(Abb. 38)*. Zur Möblierung der Lutherstube schenkten 1817 Nachkommen Luthers einen Kastentisch, der angeblich aus dem Elternhaus des Reformators in Möhra stammte. 1852 kam ein Baldachinbett, in dem Luther geschlafen haben soll, aus dem Gasthof „Zum Stiefel" in Rudolstadt hinzu. Ein Stollenschrank wurde 1856 aus dem Berliner Kunsthandel angekauft. Im alten Bestand der Burg fand sich ein Fußschemel aus dem Rückenknochen eines Wals. In der zweiten Hälfte des 19. Jahrhunderts wurde ein Ofen aus Fundstücken gebaut, die bei Ausgrabungen in den Höfen der Wartburg entdeckt wurden.

Der so genannte Lutherstuhl auf der Wartburg wurde 1854 aus dem Nürnberger Kunsthandel erworben. In der mehrteiligen Publikation „Tafeln zur Geschichte der Möbelformen" von 1902–1909 berichtete der Autor, dass das eigentliche Original des Stuhls aus Katzwang bzw. Regensburg stammen soll und nach seiner Ausstellung auf der Weltausstellung in London 1902 als verschollen galt. Kopien des Stuhls seien außer auf der Wartburg auch im Kunstgewerbemuseum Berlin und im Germanischen Nationalmuseum in Nürnberg zu finden.

Interessierte Möbeltischler konnten schon im 19. Jahrhundert von den Museen Fotografien von Ausstellungsstücken beziehen, um diese nachzubauen. Auch im 1890 erstmals veröffentlichten „Schreinerbuch", dem wichtigsten Handbuch für Möbeltischler, fand sich eine Federzeichnung des Lutherstuhls. So kam es zur Herstellung von verschiedenen Kopien nach den Kopien ◄*Tafel 1 (Seite 41/42)*. Der Regensburger Kunstschreiner Carl Wild fertigte für die Ausstattung des neugotischen Wohnzimmers in seiner eigenen Villa ebenfalls so einen Lutherstuhl an. In der Ausstellung befindet sich ein Wandgemälde, das dieses Wohnzimmer zeigt *(Tafel 1)*. Nach einem alten Foto wurde es von dem Bremer Künstler Jürgen Schmiedekampf (geb. 1951) nachgestaltet.

■ *Abb. 38   Lutherstube auf der Wartburg mit Lutherstuhl,*
Postkarte 19. Jh., Ausschnitt

„Reliquien" aus der Lutherbuche

Geradezu an katholische Reliquienverehrung erinnern die aus der Lutherbuche bei Altenstein in Thüringen *(Abb. 39)* geschaffenen „Lutherreliquien". Der mächtige Baum in der Mitte der Grafik soll am 4. Mai 1521 „Zeuge" von Luthers scheinbarer Gefangennahme auf seiner Rückreise vom Wormser Reichstag gewesen sein.

Die Luthers Buche bey Altenstein.

■ *Abb. 39   Die Lutherbuche bei Altenstein, C. Bögehold, Stahlstich, 1819*

Deshalb war er in den folgenden Jahrhunderten immer wieder Ziel von Lutherverehrern. 1817 wurde die Umgebung der „Lutherbuche" verschönert und zum Ort von Feierlichkeiten anlässlich des 300-jährigen Reformationsjubiläums. Am 18. Juli 1841 fiel der alte Baum einem Orkan zum Opfer. Der Herzog von Sachsen-Meiningen und Hildburghausen schenkte das Holz der Kirchgemeinde Steinbach unter der Bedingung, dass nichts davon verbrannt, sondern alles für Andenken verwendet werden sollte. So wurden aus dem Holz z. B. Spazierstöcke, Becher, Kelche, Nadelbüchsen, Salzgefässe, Tintenfässer, Serviettenständer, Lineale, Strickfässchen, Dosen u. Ä. hergestellt *(Abb. 40)*. Der Pfarrer von Steinbach, Johann Conrad Ortmann, behauptete 1844 fest:

„Alle von der Lutherbuche verfertigten Sachen, so wie auch einzelne Stücke Holz gingen nur mit dem hiesigen Kirchensiegel bezeichnet ins Publikum, und der Verfertiger der Sachen, der Horn- und Holzdreher Carl Munkel in Liebenstein, war verpflichtet und ist es noch, nur allein Holz von der Lutherbuche zu solchen Sachen, welche irgend jemand von der Lutherbuche verlangt, zu nehmen und ich kann bis jetzt mit gutem Gewissen behaupten, dass alle von hier ausgegangenen Lutherbuchen-Sachen auch wirklich von dem Holz derselben verfertigt worden sind." Diese Lutherandenken verbreiteten sich über ganz Europa.

Aber nicht nur das Holz von Lutherbäumen fand immer wieder Verwendung für Lutherandenken, sondern auch die Blätter *(Abb. 41)*. Solche verglasten Blätter von Lutherbäumen erfreuten sich über Jahrhunderte hinweg großer Beliebtheit. Auch 1983 wurden bronzierte Blätter der Wittenberger Luthereiche verkauft.

■ *Abb. 40 Kelch*
Carl Munkel
Buchenholz
gedrechselt
nach 1841

■ *Abb. 41*
Blätter von der Luther-
buche bei Altenstein,
19. Jh.

Lutherillustrationen

Bilder von Luthers Leben gab es zu Zeiten des Reformators nicht. Erste szenische Darstellungen fanden sich 1556 in einer Märtyrergeschichte von Ludwig Rabus. Im 17. und 18. Jahrhundert gab es Illustrationen zum Leben des Reformators vor allem auf Gedenkblättern bzw. satirischen Einblattdrucken. Erst zu Beginn des 19. Jahrhunderts entstand die erste künstlerisch anspruchsvolle grafische Folge zu Luthers Leben.

Auf dem Titelblatt der Folge von Johann Erdmann Hummel (1769–1852) bekommt der als Heiliger dargestellte Luther von der Allegorie der Gnade die Siegespalme überreicht. Hinter der Gnade warten die Sinnbilder für Glaube, Liebe und Hoffnung. Links vom Reformator stehen das Sinnbild der Freiheit und zwei Genien, die seine Bibel und den Katechismus in den Händen halten *(Abb. 42)*. Die Grafikfolge belegt die Begeisterung des Künstlers für die Antike und die französische Revolution.

■ *Abb. 42   D. Martin Luthers Verherrlichung, Johann Erdmann Hummel, Umrissstich, 1806*

In den folgenden Jahrzehnten kam es zur Veröffentlichung von einer Flut von Illustrationen zu Luthers Leben. Sie waren Beleg einer neuen bürgerlichen Geschichtsauffassung. Luther wurde nicht mehr als Symbol für eine religiöse Haltung, sondern als Mensch in einer als wirklich empfundenen Lebensumwelt dargestellt.

Um 1825 erschien eine kolorierte Folge zu Luthers Leben im Bilderbogenverlag Friedrich Campes (1777–1846) in Nürnberg. Neben den welthistorisch wichtigen Ereignissen, wie dem Thesenanschlag Luthers, der Verbrennung der Bannandrohungsbulle und Luthers Verweigerung des Widerrufs vor dem Reichstag in Worms, wurden auch Szenen zu Luthers Kindheit, wie z. B. Luther als Kurrendesänger und Luther im Kreis seiner Familie *(Abb. 43)*, einbezogen.

■ *Abb. 43   Luther im Kreis seiner Familie, Peter Carl Geißler, kolorierte Radierung, um 1825*

Ab 1827 wurden Folgen von Lithografien zu Luthers Leben gedruckt, die mit dem Namen Wilhelm Baron von Löwenstern (nachgewiesen 1826–1851) verbunden sind. Die zahlreichen Varianten des Löwenstern'schen Zyklus und dessen Nachahmungen zählten trotz ihrer zum Teil schlechten künstlerischen Ausführung zu den meist verkauften Illustrationsfolgen des 19. Jahrhunderts. Aufgrund ihres Bildformates waren die Blätter auch gut als Wandschmuck geeignet. Im Auftrag einer Berliner Steindruckerei kopierte der

■ *Abb. 44   Luther als Familienvater, Adolph von Menzel, Lithografie, um 1832*

junge Adolph Menzel (1815–1905) auch einige der Löwenstern'schen Blätter. Die Kopien *(Abb. 44)* heben sich durch ihre deutlich bessere Qualität von den Vorbildern ab.

Die Folge, die Carl August Schwerdgeburth (1785–1878) zwischen 1843 und 1862 schuf, wurde schon von Zeitgenossen als schlicht und treuherzig empfunden. Dem Künstler ging es weniger um die Darstellung historischer Vorgänge als um die möglichst getreue Darstellung der Wirkungsorte Luthers. Die beschauliche weihnachtliche Szene in Luthers Wohnzimmer *(Abb. 45)* findet bis heute großen Zuspruch.

■ *Abb. 45   Luther im Kreis seiner Familie, Weihnachten 1536, Carl August Schwerdgeburth 1843, Stahlradierung, 1862*

Sie ist zum Synonym für deutsches Familienleben geworden. Dabei spielt es keine Rolle, dass die Darstellung nicht
den historischen Tatsachen entspricht. Das erste Zeugnis
von einem Weihnachtsbaum in einem Privathaus stammt
von 1642.
Den Höhepunkt der Lutherillustrationen des 19. Jahrhunderts bildet die 48-teilige und damit umfangreichste Folge
zu Luthers Leben des Coburger Künstlers Gustav König
(1808–1869). Mit sorgfältigen Text- und Bildstudien hatte
er sich dem Thema genähert und mehrere Jahre an dem
Werk gearbeitet. König verbildlichte nicht nur die bekannten großen Themen aus Luthers Leben, sondern setzte auch
sehr private Ereignisse ins Bild (Abb. 46).

■ Abb. 46   Luthers Winterfreuden im Kreise seiner Familie, Gustav
König, Stahlradierung, 1851

1843 äußerte König: „Fand ich doch in der deutschen Geschichte nicht leicht eine zweite Gestalt, die sich so wie er
[Luther] zur Darstellung in der bildenden Kunst eignet; viel-
leicht zunächst darum, weil er stets handelt, und dann wohl
auch, weil er, wie nicht leicht einer, von allen Seiten be-
trachtet werden darf." Die Darstellung der Bibelübersetzung
ist die eigentliche Hauptszene des Zyklus (Abb. 47). Der
Künstler hat davon auch einen fast 3 x 3 m großen Krei-
dekarton geschaffen, der als Vorarbeit für ein geplantes, aber

■ Abb. 47   Die Bibelübersetzung, Gustav König, Stahlradierung, 1851,
Ausschnitt

nicht ausgeführtes Wandbild dienen sollte und heute im Wittenberger Lutherhaus gezeigt wird.

Die Blätter Königs fanden viel Anerkennung. Die Darstellungen wurden als so schön empfunden, „als ob ein guter Meister des 16. Jahrhunderts" sie gezeichnet hätte. Aufgrund seiner intensiven Beschäftigung mit Luther wurde König von seinen Zeitgenossen „Lutherkönig" genannt. August Ebrard, sein Biograf, schrieb 1871: „So ernst und gewissenhaft trachtete König, sich Luther geistig zu bemächtigen. Und dabei geschah es nun, dass Luther sich Königs geistlich bemächtigte. Schöner hat nie ein Held seinem Dichter, ein Fürst seinem Maler gedankt, als Luther seinem Maler vergolten hat." Seine Stahlstiche erschienen 1851 in Buchform und erlebten bis in das 20. Jahrhundert eine Gesamtauflage von 80.000 Exemplaren.

Luther auf Historiengemälden

In der zweiten Hälfte des 19. Jahrhunderts entwickelte sich die Historienmalerei. Auf oft sehr großformatigen Gemälden setzten sich meist akademisch ausgebildete Künstler mit Themen und Sujets der antiken, aber auch der mittelalterlichen und neuzeitlichen deutschen Geschichte auseinander. Eine zentrale Bedeutung dabei kam Martin Luther und der Reformation zu, zumeist in patriotischer Interpretation.

Sehr deutlich wird das bei dem Gemälde „Luther vor dem Reichstag von Worms" ▶ *Tafel 2 (Seite 55/56 und Detail auf dem Umschlag)* von Hermann Freihold Plüddemann (1809–1868). Das in Dresden entstandene Gemälde zeigt Luther vor dem Wormser Reichstag am 18. April 1521 im Moment der Verweigerung des Widerrufs seiner Lehren. Die Darstellung des Reformators als junger, strahlender und unbeugsamer Held entspricht dem deutsch-protestantischen Lutherbild des 19. Jahrhunderts. Luthers Gesichtszüge entsprechen dem Kupferstich von Lucas Cranach d. Ä. von 1520. Entgegen der von den Zeitgenossen geschilderten demütigen Haltung und leisen Sprache zeigt ihn der Maler mit heldischem Gestus. Er streckt die rechte Hand nach oben. Durch die Achse seiner beiden Arme „fließt" der Geist Gottes in Bücher, auf die er die linke Hand legt. Kaiser Karl V. (1500–1558) wird als alter und hinfälliger Mann gezeigt, dessen äußere Erscheinung den Niedergang des mittelalterlichen deutschen Kaiserreichs symbolisiert. In Wahrheit war der seit 1519 regierende Kaiser erst 21 Jahre alt. 1520 bezeichnete ihn Luther noch hoffnungsvoll als „edles junges Blut".

Anlässlich von Luthers 300. Todestag 1846 malte Adolf Friedrich Teichs (1812–1860) in Dresden „Karl V. am Grabe Luthers" ▶ *Tafel 3 (Seite 57/58)*. Gezeigt wird eine Begebenheit, deren historische Überlieferung vom Ende des 16. Jahrhunderts stammt. Karl V., der seit 1521 die Reformation bekämpft hat, steht 1547 nach dem Schmalkaldischen Kriege am Grabe Martin Luthers. Hinter ihm fordert Herzog Alba (1507–1582), hager und mit unbarmherzigen Zügen dargestellt, den Kaiser auf, die Gebeine des Reformators als die eines Ketzers zu verbrennen. Karl weist das zurück: „Er hat seinen Richter gefunden. Ich führe Krieg mit den Lebenden und nicht mit den Toten." Der Maler stellt den Kaiser daher, im Gegensatz zu den Personen in seinem Gefolge, mit gewinnenden Zügen dar, erweist er sich doch als „positiver Held". Links verfolgen ein Kardinal und ein Bischof skeptisch das Geschehen. Der Maler karikiert sie: Verbissenheit, Fanatismus und Intoleranz sind ihnen in die hässlichen Gesichter geschrieben, zahnlos und mit nach unten verzogenem Mundwinkel. Zwei Kardinäle im Hintergrund schauen dem Geschehen distanziert zu. Auch sie sind durch ihre Physiognomie als Gegner der Reformation gekennzeichnet. Der Kardinal links wird mit fettem, feistem Gesicht und nicht zu übersehender Trinkernase, der Kardinal rechts mit kaltem und höhnischem Blick gezeigt. Rechts verfolgen Luthers engste Mitarbeiter, Stadtpfarrer Johannes Bugenhagen (1485–1558) und Philipp Melanchthon, das Geschehen mit sorgenvollen Blicken. Inmitten der Gruppe des kaiserlichen Gefolges ist der Kustos der Kirche, Lucas Cranach d. Ä. (1472–1553), dargestellt, ernst blickend und mit dem Schlüssel in der rechten Hand.

1878 malte Julius Hübner (1806–1882), ebenfalls in Dresden, eine der bekanntesten Szenen aus Luthers Leben, den „Thesenanschlag 1517" ▶ *Tafel 4 (Seite 69/70)*. Das Gemälde zeigt nicht nur den Anschlag von Luthers 95 Thesen an die Schlosskirchentür, sondern verweist auch auf dessen Ursachen und Wirkungen. Missstände in der Kirche verdeutlicht links vorn ein feister Mönch, der sich seine Hand küssen lässt. Auf der anderen Seite fliehen eilig zwei Bettelmönche mit einer Kassette, die wohl das eingenommene Ablassgeld enthält. Auf der unteren Stufe der Treppe lagern eine Bettlerin mit ihrem kranken Kind und ein Krüppel als anklagender Hinweis auf die eigentlichen Aufgaben der Kirche. Rechts neben dem Kirchenportal steht eine Gruppe von Studenten, die die Thesen jubelnd begrüßen. Auf der anderen Seite versucht ein Gelehrter die Aufregung zu dämpfen, die das Schriftstück bei mehreren Bewaffneten ausgelöst hat.

■ *Tafel 2   Luther vor dem Reichstag zu Worms, Hermann Freihold Plüddemann, Öl auf Leinwand, 1864*

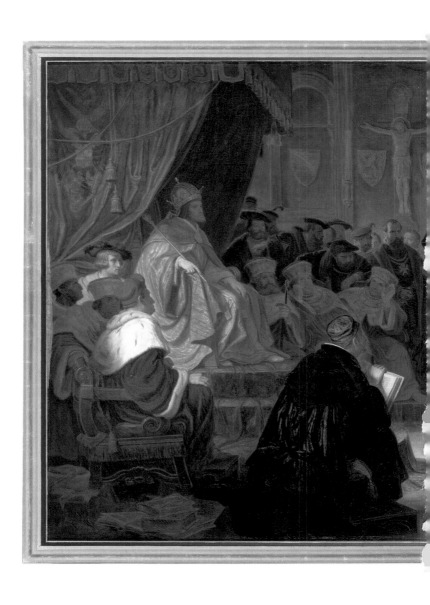

Reformations- und Lutherjubiläen im deutschen Kaiserreich 1871 bis 1918

Seit der Reichseinigung 1871 wurde Luther fester Bestandteil eines nationalen Geschichtsdenkens, das eine Linie vom Helden von Wittenberg und Worms zu Bismarck, dem Kanzler der Reichseinigung, zog und die Einheit von Luthertum und Kaiserreich betonte. Der Historiker Heinrich von Treitschke (1834–1896) stellte 1883 in seiner Rede „Luther und die deutsche Nation" das durch die Reformation geprägte „deutsche Wesen" dem „romanischen" entgegen: „Ein Ausländer mag wohl ratlos fragen: Wie nur so wunderbare Gegensätze in einer Seele zusammenliegen mochten ... Wir Deutschen finden in alledem kein Rätsel, wir sagen einfach: Das ist Blut von unserem Blute. Aus den tiefen Augen dieses urwüchsigen deutschen Bauernsohnes blitzte der alte Heldenmut der Germanen, der die Welt nicht flieht, sondern sie zu beherrschen sucht." Die preußische Lutherinstrumentalisierung sollte auch helfen, die Folgen der Industrialisierung und Säkularisierung zu bewältigen. Neben dem Nationalheros stand der fromme Christ und Hausvater, dessen idyllisiertes Familienleben den von den sozialen Umbrüchen bedrohten Schichten als Vorbild und Korrektiv dienen sollte.

Auf kaiserlichen Erlass wurde der 400. Geburtstag Luthers 1883 in ganz Deutschland begangen, in Wittenberg vom 12. bis 14. September 1883. Der preußische Kronprinz Friedrich Wilhelm (1831–1888), der spätere 99-Tage-Kaiser Friedrich III., legte am 13. September 1883 einen Kranz auf Luthers Grab *(Abb. 48)*. Die helle Schleife in der Mitte zeigt den preußischen Adler und den Buchstaben „F" mit der Krone als Zeichen Friedrichs. Die Schleifen links und rechts stammen von den Kränzen, die das preußische Königspaar bei der Schlosskircheneinweihung am 31.10.1892 niedergelegt hat. Am gleichen Tage eröffnete der Kronprinz das Museum „Lutherhalle". Man überreichte ihm eine aufwändig gestaltete Eichenkassette mit Fotos des Lutherhauses und seiner wichtigsten Ausstellungsobjekte *(Abb. 49)*. Am 13. September fand ein historischer Festumzug statt, wie er für die bürgerlichen Feiern des 19. Jahrhunderts charakteristisch geworden war. Angeführt wurde er von den Nachkommen Luthers und von mehr als tausend Pfarrern. Den Mittelpunkt des Zuges bildete eine bedeutende Szene aus dem Leben Luthers: die Verbrennung der Bannbulle vor dem Elstertor.

■ *Tafel 3   Karl V. am Grabe Luthers, Adolf Friedrich Teichs, Öl auf Leinwand, 1845*

■ *Abb. 48   Lorbeerkranz für Luthers Grab, niedergelegt von Kronprinz*
Friedrich Wilhelm, 1883

■ *Abb. 49   Fotokassette: Geschenk Wittenbergs an den Kronprinzen*
Friedrich Wilhelm anlässlich der Einweihung der „Luther-
halle" 1883

In Wittenberg wurde am Reformationstag 1892 die Einweihung der neu gestalteten Schlosskirche durch Kaiser Wilhelm II. (1859–1941) zu einem nationalen Ereignis stilisiert, an dem die protestantischen Regenten Deutschlands und Europas teilnahmen. Der Kaiser eröffnete die Kirche mit einem eigens angefertigten Schlüssel *(Abb. 50 und 51)*. Nach der Schlüsselübergabe und dem Festgottesdienst nahm die kaiserliche Festgesellschaft ein opulentes Festfrühstück im großen Hörsaal des Lutherhauses ein, um sich danach den Festumzug von zwanzig geschmückten Wagen und mit mehr als tausend Teilnehmern anzusehen.

■ *Abb. 50   Übergabe des Schlüssels an Kaiser Wilhelm II. zur Einweihung der Schlosskirche 1892, Fotografie*

■ *Abb. 51   Schlüssel zur Wiedereröffnung der Wittenberger Schlosskirche 1892*

Im letzten Drittel des 19. Jahrhunderts wurden „Luther-
kirchen" gebaut, deren erste 1882 in Essen-West eingeweiht
wurde. Weitere entstanden z. B. in Dresden-Neustadt
(1883–1887), Radebeul (1891/1892) und Chemnitz (1905–
1908).
Den Höhepunkt nationalistischer Lutherinterpretation bildete
das Jahr der 400. Wiederkehr des „Thesenanschlages", das
dritte Weltkriegsjahr 1917. In einer Flut von Propaganda-
bildern *(Abb. 52 und 53)* und Trivialliteratur wurde Luther
zum Gewährsmann heldischen Durchhaltewillens. „Deutschlands Schwert durch Luther geweiht" lautete ein bezeich-
nender Titel.

■ *Abb. 52   Krieg – Luther die Thesen anschlagend – Frieden, Konfir-
mationsurkunde 1917*

■ Abb. 53   Luther und Bismark – „Zur Erinnerung an den 31. Oktober
1917", Postkarte, 1917

Während des Krieges wurde die Wittenberger „Lutherhalle" umgestaltet. Dabei wurde 1915/16 ein Erkerraum, die
so genannte „Luthergedenkhalle" eingerichtet, um die Präsentation eines Lutherbriefs zu inszenieren.
Der Brief war 1911 auf einer Auktion angeboten und auf
10.000 Reichsmark geschätzt worden. Für die Erwerbung
des Briefes durch die Lutherhalle konnten 27.700 Reichsmark gesammelt werden. Er wurde aber von dem ameri-
kanischen Industriellen und Mäzen John Pierpont Morgan
(1837–1913) für 102.000 Reichsmark erworben. Morgan
schenkte den Brief Kaiser Wilhelm II., der ihn im Dezember 1911 an die Lutherhalle überwies.

Der Schkopauer Bildhauer Paul Juckoff (1874–1936) entwarf
für den Brief den Rahmen, dessen Bildprogramm vom Kaiser begutachtet und genehmigt wurde *(Abb. 54)*. So fielen
preußisch-deutscher Kaiserkult und Lutherverehrung sicht-
bar zusammen.

■ *Abb. 54   Bronzerahmen für einen Lutherbrief, Paul Juckoff, 1915/16*

Der „Lutherschreck" von Halle

Bis in die dreißiger Jahre des 20. Jahrhunderts war in der Marienkirche in Halle eine Lutherfigur zu besichtigen. Sie bestand aus einer aus Wachs gegossener Maske *(Abb. 55)* und ebensolchen Händen, die auf einem mit einer Schaube verhüllten Holzgerüst montiert waren. Der Kopf war mit eingesetzten Haaren, Augenbrauen und Wimpern, bemalten Glasplättchen als Augen und angeklebten wächsernen Ohren zurechtgemacht.

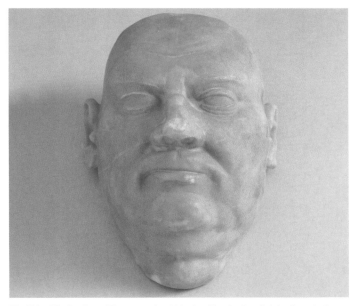

■ *Abb. 55   Luthers Totenmaske, Wachs (Kopie der Originalmaske)*

Einer Überlieferung zufolge handelte es sich um die Totenmaske Luthers, die angeblich in Halle während der Überführung des Leichnams Luthers nach Wittenberg abgenommen worden sei. Die Figur bekam im Volksmund den Namen „Luthergespenst" oder „Schreckgespenst" oder „Lutherschreck". Seit 1710 fanden sich gedruckte Informationen, und 1736 wurde von ihr eine erste Grafik angefertigt und vertrieben *(Abb. 56)*. Jedoch erst 1915 erhielt sie breitere Publizität, als der Fotograf Fritz Möller mehrere Fotografien anfertigte, die als Ansichtskarten und Konfirmationsscheine Verbreitung fanden *(Abb. 57)*. 1917 begann eine interdisziplinäre Kommission von Wissenschaftlern mit deren Untersuchung. Obwohl die Figur „an die Nerven des

■ *Abb. 56 Lutherfigur, Christian Gottlob Liebe, Radierung, koloriert, 1736*

Betrachters Anforderungen stellt", empfahl man, sie der Öffentlichkeit zugänglich zu machen. Es gab jedoch auch heftigen Widerspruch: Nichts an ihr sei authentisch. Erst zu Beginn des 18. Jahrhunderts sei sie erschaffen worden. Jedoch wurde kurz darauf entdeckt, dass die Figur bereits 1663 von Lucas Schöne geschaffen wurde. Auf Initiative des Kirchenhistorikers Johannes Ficker (1861–1944) ersetzte der Mediziner, Anthropologe (und bekennende Nationalsozialist) Hans Hahne (1875–1935) nach 1926 die Gesichtsmaske durch

■ *Abb. 57 Lutherfigur 1915*

Wachsabgüsse und versuchte anhand der bekannten To-
tenzeichnung Luthers von Lucas Furttenagel (1505–1546
nachgewiesen), die späteren Zutaten rückgängig zu machen
(Abb. 58). Um 1929 machte Ficker wahrscheinlich, dass es
sich bei Maske und Händen tatsächlich um die Totenmaske
und die Totenhände Luthers handele. Am 19. Februar 1546
habe Furttenagel sie noch in Eisleben vom Leichnam Luthers
abgenommen. Über Justus Jonas seien sie zusammen mit
dessen Bibliothek später in die Marienbibliothek gelangt.

Seit 1931 nahm Mathilde Ludendorff (1882–1966), Sprachrohr der „deutschgläubigen" Bewegung, die Wachsfigur zum Anlass einer wüsten Hetze gegen eine angebliche internationale Verschwörung von Juden, Katholiken und Freimaurern gegen das deutsche Volk. Sie hätten nicht davor zurückgeschreckt, Luthers Andenken auch durch eine solche Puppe in den Schmutz zu ziehen, nachdem sie den Reformator durch Gift ermordet hätten, wie später auch Lessing, Mozart und Schiller.

Obwohl sich Pfarrer und Gemeindekirchenrat in Halle weiterhin für eine würdige Präsentation der Puppe einsetzten, erlahmte das Interesse, und sie wurde kurz darauf still und leise demontiert und zerstört. Lediglich die Gesichtsmaske und die Hände sowie einige Abgüsse davon blieben erhalten.

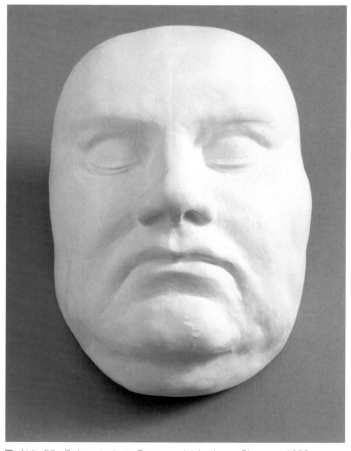

■ *Abb. 58   Rekonstruierte Totenmaske Luthers, Gips, um 1926*

■ *Tafel 4   Der Anschlag von Luthers 95 Thesen, Julius Hübner, Öl auf Leinwand, 1878*

Lutherfeiern von 1918 bis 1946

Nach dem 1. Weltkrieg und dem nun offenbar gewordenen Missbrauch Luthers blieben Jubiläumsfeiern zunächst regionale Randerscheinungen. So wurde in Eisleben und Erfurt jährlich Luthers Geburtstages am 10. November gedacht. Kinder zogen am Abend singend durch die Stadt und auf dem Markt- bzw. Domplatz versammelten sich die Einwohner, um bei Fackelschein und Blasorchesterbegleitung „Ein feste Burg" zu singen.

Weitgehend frei von nationalistischem und anderem ideologischen Missbrauch konnten sich Wissenschaft und Kunst nun Luther und seinem Anliegen wieder nähern. Bildende Künstler suchten jenseits aller tradierten Klischees einen eigenen Zugang zu Luther und seinem Werk. Nachdem Ernst Barlach (1870–1938) sich bereits im Kriege Luther zugewandt hatte *(Abb. 59)*, erarbeitete Lovis Corinth (1858–1925) im Auftrage des Gurlitt-Verlages 1921 einen künstlerisch hochwertigen 39-teiligen Zyklus von Lithografien zu Luther und der Reformationszeit.

■ *Abb. 59   „Und wenn die Welt voll Teufel wär!", Ernst Barlach, Lithografie, 1915, Ausschnitt*

■ *Abb. 60   Luther errettet Melanchthon vom Tode, Lovis Corinth,
Lithografie, 1921*

■ *Abb. 61   Lutherbüste, Hans Haffenrichter, Bronze, patiniert, um 1930*

Auf 26 szenischen Blättern verbildlichte er die wichtigsten Ereignisse aus Luthers Leben *(Abb. 60)*. Die übrigen 13 Lithografien zeigen Porträts von Luther und seinen Zeitgenossen, die ihre deutlichen Vorbilder in der Reformationskunst haben.

Es entstanden auch zahlreiche Lutherbüsten, etwa um 1930 von dem Bauhauskünstler Hans Haffenrichter (1897–1981) *(Abb. 61)*. 1931 schuf Gerhard Marcks (1889–1981) im Auftrag der halleschen Universität Büsten von Martin Luther *(Abb. 62)* und Philipp Melanchthon. Die beiden Bronzen zieren noch heute den Treppenaufgang des Löwengebäudes in Halle. Das Vorbild für die Arbeit war Cranachs Kupferstich „Luther als Mönch" von 1520. Damit propagierte Marcks wieder das Bild des jungen streitbaren Luther, das auch durch die zahlreichen Lutherdenkmäler des 19. Jahrhunderts, die vor allem den Kirchenvater zeigten, in den Hintergrund getreten war.

■ *Abb. 62 Lutherbüste, nach Gerhard Marcks, Bronze, 1930/31 (Gipsabguss um 1931)*

Das Luthergedenken anlässlich seines 450. Geburtstages am 10. November 1933 stand im Zeichen der Machtergreifung Hitlers. Die „Deutschen Christen" bekannten: „Wir glauben, dass das Vaterland die geschichtliche Erscheinung des Heiligen Gottesgeistes ist." Doch trotz dieser Anbiederung ist Luther für die Machthaber des Dritten Reiches bedeutungslos geworden, zumal die Vertreter der „Bekennenden Kirche" sich gegen Hitlers totalitären Anspruch wandten. Da dieser nun keinen Wert mehr auf Kompromisse mit der Kirche legte, wurde auf eine ursprünglich geplante offizielle Gedenkfeier verzichtet, und der Tag vor Luthers Geburtstag wurde demonstrativ als „Jahrestag des Blutopfers 1923" begangen. Jedoch gab es regionale Jubiläumsveranstaltungen, auch mit Nazi-Prominenz, wie z. B. die „Luther-Festtage" vom 9. bis 13. September 1933 in Wittenberg. Am 10. September fand ein Festakt auf dem Hof vor dem mit einer Hakenkreuzfahne „geschmückten" Wittenberger Lutherhaus statt *(Abb. 63)*. Unter den zahl-

■ *Abb. 63   Das Wittenberger Lutherhaus zu den „Luther-Festtagen" im September 1933*

■ *Abb. 64 Martin Luther, Otto von Kursell, Kunstdruck, 40er Jahre des 20. Jh.*

reichen Gästen fanden sich neben Nazi-Prominenz wie Innenminister Frick und Finanzminister Graf Schwerin von Krosigk auch der preußische Landesbischof und spätere „Reichsbischof" Ludwig Müller ein. Unter dem Einfluss des Nationalsozialismus feierte der „deutsche Luther" in der Kunst fröhliche Urständ, so etwa auf einem Gemälde von Otto von Kursell *(Abb. 64).*

Die Jubiläumsfeiern aus Anlass des 400. Todestages Luthers am 18. Februar 1946 standen unter dem Eindruck der nationalen Katastrophe des Zweiten Weltkrieges. Vor allem Theologen besannen sich in stillen Gedächtnisfeiern des Propheten Luther und stellten die Frage nach seiner Bedeutung für die Gegenwart. Der sächsische Landessuperintendent Franz Lau (1907–1973) charakterisierte die Reformation angesichts der gemeinsamen Gegenwehr von Protestanten und Katholiken gegen die NS-Herrschaft in ihrem Kern als Rückbindung des Glaubens an die Bibel.

Darin läge auch die aktuelle Bedeutung Luthers. In direktem Bezug auf Luthers durchaus differenzierte Obrigkeitsauffassung betonte er, dass im Gewissensfalle Gott mehr als den Menschen zu gehorchen sei. Im Umfeld des Jubiläums 1946 wurde auch der bis heute gelegentlich zitierte, aber nicht authentische „Lutherspruch" populär: „Wenn ich wüsste, dass morgen die Welt unterginge, würde ich heute noch ein Apfelbäumchen pflanzen." Die Nachdenklichkeit war auch eine Reaktion auf die in angelsächsischen antifaschistischen Kreisen entstandene Sichtweise, der zufolge Luther mit seiner angeblichen Betonung des Untertanengeistes den geistigen Weg zu Bismarck und Hitler geebnet habe. Diese Auffassung fand zunächst auch Widerhall in kommunistischen Kreisen Ostdeutschlands. Trotzdem erhielt Eisleben zur Feier der 400. Wiederkehr von Luthers Geburtstag am 18. Februar 1946 den Ehrennamen „Lutherstadt" verliehen.

Reformations- und Lutherjubiläen 1967 und 1983

Nach dem Zweiten Weltkrieg hat sich im ökumenischen Dialog eine intensive internationale wissenschaftliche Diskussion über Luther und die Reformation entwickelt. Gerade auf Seiten katholischer Kirchenhistoriker gab es erstaunliche Tendenzen einer Neubewertung. Sie vertraten und vertreten in der Tradition von Joseph Lortz (1887–1975) die Auffassung, dass Luther am Beginn seines Auftretens mit gutkatholischen Auffassungen gegen eine Kirche zu Felde gezogen sei, die weithin unkatholische Auffassungen und Kirchenpraktiken vertreten habe. Nichtsdestoweniger standen die offiziellen Luther- und Reformationsjubiläen weitgehend im Banne des „Kalten Krieges" zwischen Ost und West.

Das 450. Reformationsjubiläum des Jahres 1967 war im Westen von Unsicherheit und Verlegenheit geprägt. „Die Welt" vom 29. Oktober 1966 fragte sogar, ob die Lutherfeier überhaupt stattfinden solle, da „die Zeiten eines selbstsicher gegen Rom Front machenden Protestantismus längst vorüber" seien.

Im Osten wurden seit 1960 unter Historikern Reformation und Bauernkrieg als „frühbürgerliche Revolution" und Martin Luther als „bürgerlicher Revolutionär" interpretiert. Die DDR erhob den Anspruch, alle „progressiven Traditionen der deutschen Geschichte" zu wahren, und bemühte sich um internationale Anerkennung. Das Reformationsjubiläum 1967 wurde daher als „nationales Jubiläum" begangen. Die zentrale Staatsfeier fand am 30. Oktober im Wittenberger Lutherhaus statt. Auch die kirchlichen Feiern konzentrierten sich auf Wittenberg.

Zur Feier der 500. Wiederkehr des Geburtstages des Reformators 1983 gab es in Ost und West Tendenzen, ihn als jeweiligen historischen Vorläufer zu instrumentalisieren. Lutherenthusiasmus und Lutherfremdheit lagen dicht beieinander. In der DDR übernahm Staats- und Parteichef Erich Honecker selbst den Vorsitz des staatlichen Lutherkomitees. Daraufhin initiierte der Ministerpräsident von Rheinland-Pfalz, Bernhard Vogel, im Bundesrat die offizielle Lutherehrung auch in der Bundesrepublik. In der DDR wurde neben dem staatlichen ein kirchliches Lutherkomitee gegründet. Bürgerrechts- und Friedensgruppen, die sich vor allem unter dem Dach der evangelischen Kirchen zusammenfanden, nutzten, zuweilen in direktem Bezug auf Luthers Tat, die Form von Thesen, um ihren Protest zu formulieren.

Anlässlich des Jubiläums 1983 entstanden in Ost und West viele Kunstwerke, die sich mit dem Reformator und seiner Wirkungsgeschichte auseinander setzten. In der Hamburger Kunsthalle wurde eine Ausstellung unter dem Titel „Luther und die Folgen für die Kunst" gezeigt. Aber auch in der DDR beschäftigten sich zahlreiche bildende Künstler mit dem Reformator und verbanden damit mitunter auch Kritik an den bestehenden Zuständen.

Der Leipziger Künstler Matthias Klemm (geb. 1941) verwies darauf, dass Luther in der DDR offiziell erst anlässlich der Luther-Ehrung von 1983 „wiederentdeckt" wurde (Abb. 65). Das im privaten Auftrag entstandene Blatt durfte nicht als Plakat veröffentlicht werden.

■ Abb. 65   Beitrag zu einem Jubiläum – Besinnungsplakat zum Lutherjahr 1983, Matthias Klemm, Fotomontage, 1983

Bernhard Michel (geb. 1939) machte mit einer Grafik auf die wachsende Gleichgültigkeit der Menschen aufmerksam *(Abb. 66)*. Trotz vorhandener Bedrohung wollen sie nichts hören, nichts sehen, nichts sagen und sich nur in ihre eigene Welt zurückziehen. Jeder, der versucht, diesen „Beton" aufzugraben, erscheint als Narr. Dieses Blatt hat seine Aktualität bis heute nicht eingebüßt.

■ *Abb. 66   Luther-Ehrung 1983, Bernhard Michel, Kaltnadelradierung, aquarelliert, 1983*

Auf Uwe Pfeifers (geb. 1947) Grafik will der „fein gemachte" alte Luther auf sein fünfhundertstes Geburtstagsjubiläum anstoßen *(Abb. 67)*. Doch es sind keine Gratulanten da. Das Teufelchen über dem Computer scheint Vergnügen an der traurigen Szene zu haben. Auf dem Bildschirm sind Luthers Worte zu lesen: „Sterbe ich, so will ich ein Geist werden und die Bischöfe, Pfaffen und die gottlosen Mönche dergestalt plagen, dass sie mit einem gestorbenen Luther mehr zu schaffen haben sollen, denn mit tausend Lebendigen."

■ Abb. 67 Luthers Geburtstag, Uwe Pfeifer, Farboffset-Zinkografie, 1982

Ein Siebdruck des Hallenser Künstlers Helmut Brade (geb. 1937) war als Plakat gedacht (Abb. 68). Es wurde in einer Auflage von 900 Exemplaren gedruckt und an verschiedenen Orten in Halle angeschlagen. Als zu brisant erschien jedoch, dass der zu bejubelnde Held auf seinem Denkmal mit knallroter Farbe bespritzt wurde. Als provokant wurde auch der Text empfunden: „Denkzettel bei Luther noch Zettel, etwas festzuschreiben gegen das Vergessen. So auch dieser Anschlag: Er erteilt Alte Lehre: Nicht an Worten, an den Taten kennet sie." Daher wurde das Plakat von den Behörden wieder eingezogen.

Die Idee zu Jürgen Schieferdeckers (geb. 1937) Blatt entstand 1979 als Wettbewerbsbeitrag zu einem Denkmal für die Opfer der Bombenangriffe auf Dresden vom Februar 1945 (Abb. 69). Damals wurde der Entwurf „von den städtischen Amtsärschen natürlich abgelehnt". Seinen Missmut überdeckte der Künstler auf dem späteren Siebdruck links unten mit dem Lutherzitat: „Wider die räuberischen und mörderischen Rotten der Bauern". 1983 wurde es in die Mappe „Luther zu Ehren" des Reclam-Verlages aufgenommen. Das doppelte Schriftcluster war noch 1985 Anlass, das Blatt aus einer öffentlichen Ausstellung zu entfernen.

DENKZETTEL/ Bei Luther noch/ Zettel, etwas festzuschreiben
Gegen das Vergessen. So auch/ Dieser Anschlag: Er erteilt
Alte Lehre: Nicht an Worten,/ An den Taten kennet sie.

■ *Abb. 68
Denkzettel, Helmut
Brade, Wilhelm
Bartzsch, Siebdruck,
1983*

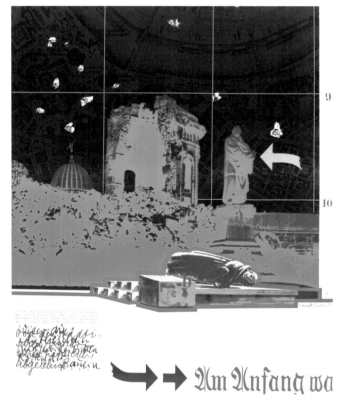

■ *Abb. 69 ohne Titel, Jürgen Schieferdecker, Siebdruck, 1983*

Rolf Müller (geb. 1941) erinnerte mit seiner Grafik daran, dass 1983 nicht nur das Jahr der Luther-Ehrung war, sondern in der DDR auch der 100. Todestag von Karl Marx begangen wurde *(Abb. 70)*. Seinen Jokern gab er zwei passende Sprüche bei: „Luthers Wort und Marx's Lehr vergehen nimmermehr" und „Macht gute Mien zu diesem Spiel; das End ist nit g'wiß."

■ *Abb. 70 Joker 83 (Deutsches Blatt), Rolf Müller, Farblithografie, 1983*

Das wohl strittigste Werk zur Luther-Ehrung von 1983 malte der Hallenser Künstler Uwe Pfeifer *(Abb. 71)*. Mit seinem „Tischgespräch mit Luther" versuchte er im Auftrag der Martin-Luther-Universität einen Bogen zwischen der

■ *Abb. 71 Uwe Pfeifer, Tischgespräch mit Luther, 1983, Mittelteil*

Reformationszeit und der Gegenwart zu spannen. Das ursprünglich für die Aula der Universität gedachte Bild ist 1983 nicht aufgestellt worden.
Im Auftrag der Wittenberger Lutherhalle schuf Heinz Zander (geb.1939) 1983 ein Porträt des alten Luther *(Abb. 72)*. Auch hier ist das Cranach'sche Vorbild noch erkennbar.

Die Vorstellungen von Martin Luther, die „Lutherbilder", sind durch die Jahrhunderte von zwei unterschiedlichen Tendenzen geprägt. Die eine besteht darin, den Reformator für jeweils zeitgeschichtliche Interessen und Ziele als „Kronzeugen" in Dienst zu stellen, ja bisweilen zu missbrauchen.

Die andere Tendenz zeigt sich darin, immer wieder zu versuchen, sein eigentliches religiöses Anliegen freizulegen und wirksam zu machen. „Daran gemessen" – so Gerhard Ebeling 1982 – „ist der Luther-Enthusiasmus der Neuzeit dessen verdächtig, sich ahnungslos über die Fremdheit Luthers hinwegzusetzen."

■ Abb. 72 Martin Luther, Heinz Zander, Öl auf Hartfaser, 1983

Das Luther-Bild im Spielfilm
von Esther P. Wipfler

Die in der Ausstellung zu sehende Filmcollage mit dem Titel „Filmstar Martin Luther", die von Studentinnen und Studenten der Hochschule für Film und Fernsehen „Konrad Wolf" in Potsdam hergestellt wurde, veranschaulicht den Wandel der Darstellung des Reformators in Kino und Fernsehen vom ersten Stummfilm 1913 bis zum 500. Jubiläum des Geburtstages Martin Luthers 1983. Kein anderes Medium hatte für das moderne Lutherbild eine vergleichbare Breitenwirkung. Die Drehbuchautoren fanden auf ihrer Suche nach einem dem Kinopublikum vermittelbaren Martin Luther – oft mit Hilfe ihrer theologischen Berater und vom Zeitgeist beeinflusst – die widersprüchlichsten menschlichen Facetten. So erscheint er auf der Leinwand – und bald auf dem Bildschirm – als zerrissener Zweifler, deutschnationaler Titan, musisch begabter Kinderfreund, romantischer Liebhaber, bahnbrechender Theologe und als leidenschaftlicher Gegenspieler geistlicher und weltlicher Potentaten sowie von Thomas Müntzer und den Bauern. Die Figur Luthers hatte viele bekannte, aber auch schon vergessene Interpreten wie Rudolf Essek, Eugen Klöpfer, Niall McGinnis, Hans Dieter Zeidler, Christian Rode, Bernard Lincot, Stacy Keach, Lambert Hamel und Ulrich Thein. Luther spricht durch sie nicht nur deutsch, sondern auch französisch und englisch die berühmten Worte: „Hier stehe ich. Ich kann nicht anders".
Als erster Luther-Film erlebte 1913 der Stummfilm „Die Wittenberger Nachtigall. Martin Luther" in Berlin seine Uraufführung. Der Film ist nur in einer in den zwanziger Jahren des 20. Jahrhunderts entstandenen Fassung mit dem Titel „Doktor Martin Luther. Ein Lebensbild für das deutsche Volk" überliefert. Er schildert Luther romantisch als Wanderer und Lateinschüler und schließlich als lebensfrohen Brautwerber, der den Weg für eine neue Zeit ebnet.
1927 wurde mit großem Staraufgebot der Stummfilm „Luther – ein Film der deutschen Reformation" unter der Regie von Hans Kyser geschaffen, der bald als „evangelischer Verkündigungsfilm" galt *(Abb. 73)*. Er stand ganz unter dem Zeichen eines deutschnational geprägten Protestantismus. Der Film endet mit dem Bildersturm als revolutionärem Inferno, das den Betrachter wohl an die Ereignisse von 1918 erinnern sollte. Die messianische Gestalt Luthers verkör-

■ *Abb. 73   Plakat zu „Luther – ein Film der deutschen Reformation",*
1927

perte Eugen Klöpfer. Nach der Aufführung in Nürnberg am
17. Dezember 1927 protestierte Kardinal Faulhaber im Namen der Katholischen Kirche, und der Film wurde nach Inter-
vention der bayerischen Staatsregierung mehrfach zensiert.
Erst die dritte Fassung durfte gezeigt werden.

Nach dem Zweiten Weltkrieg schlossen sich die lutherischen
Kirchen der USA zum Auftraggeber eines Luther-Films zusammen, der die Ereignisse vom Eintritt ins Kloster 1505
bis zum Reichstag in Augsburg 1530 zeigt. Der Film „Martin Luther" wurde am 4. Mai 1953 in Minneapolis in den
USA uraufgeführt. Im folgenden Jahr hatte er, von unge-
heurem Medienecho begleitet, unter der Schirmherrschaft
der lutherischen Kirchen seine Premiere in Deutschland
(Abb. 74). Die interkonfessionellen Kontroversen, die der
Film auslöste, wurden unter anderem durch die Nachricht
verschärft, der Hauptdarsteller, der katholische Ire Niall
McGinnis, sei unter dem Eindruck des Films evangelisch
geworden.
Völlig anders, denn erstmalig nicht das makellose Helden-
Klischee bedienend, war das Fernsehspiel „Der arme
Mann Luther" von Leopold Ahlsen angelegt, das 1965 im
WDR gezeigt wurde. Angeregt durch das 1961 veröffent-
lichte, viel gespielte Stück „Luther" des Engländers John
Osborne, der seinerseits von dem Werk des Psychoanaly-
tikers Erik H. Erikson „Der junge Mann Luther" (1958) be-
einflusst war, versuchte er eine psychologische Deutung

■ Abb. 74   Plakat zur deutschen Fassung von „Martin Luther", 1953

des Charakters des Reformators, den Hans Dieter Zeidler darstellte: Luthers Angst vor dem strafenden und richtenden Gott entspringt dem durch eine erbarmungslose, autoritäre Erziehung geprägten Verhältnis zum Vater, dessen Gesicht er auch in der Gestalt des Papstes erkennt. Das Fernsehspiel, dessen Rahmenhandlung die Todesstunde des Reformators bildet, zeigt größtenteils fiktive Begegnungen Luthers mit seinen Zeitgenossen, vor denen er sich rechtfertigen muss. Der Mönch in Luther – als mephistophelisches Alter Ego verkörpert durch Hannes Messemer – will den Reformator zum Widerruf seines Werkes verführen, was ihm jedoch nicht gelingt.

In dem 1968 im ZDF gezeigten Dokumentarspiel „Der Reformator" ging es Günther Sawatzki darum, seine Zuschauer mit einer möglichst wertneutralen Schilderung der Ereignisse von 1517 bis 1530 im Stil eines Telekollegs zu belehren. In den Spielszenen tritt Christian Rode als zurückhaltender, vorwiegend intellektuell bestimmter Luther in Erscheinung.

1973 wurde in Großbritannien ein Luther-Film mit Stacy Keach in der Hauptrolle unter der Regie von Guy Green produziert. Das Werk, das nur den Titel „Luther" trägt, basiert ebenfalls auf dem Theaterstück von John Osborne.

Der 500. Geburtstag Luthers 1983 gab Anlass zur der bislang umfangreichsten und vielfältigsten filmischen Auseinandersetzung mit der Gestalt des Reformators in Ost und West.

In der ARD wurde der zweiteilige Film „Bruder Martin" gezeigt. Jean Delannoy führte Regie. Die Handlung beginnt 1507 in Erfurt. Als Mönch sammelt Martin Luther Almosen bei den Bauern und fängt an, am Sinn dieser die armen Leute ausbeutenden Werkgerechtigkeit zu zweifeln. Müntzer ist als Revolutionär, der das „Vive la Liberté" im Munde führt, einem sensiblen Reformator gegenübergestellt. Der Film endet mit der Rückkehr Luthers von der Wartburg nach Wittenberg 1522. Die hoffnungsstiftende Schlussszene zeigt, wie der noch das Kostüm des Junker Jörg tragende Luther die Glocke läutet, die die Christen nach Bildersturm und Aufruhr wieder in die Gotteshäuser rufen soll.

Das DEFA-Studio für Spielfilme produzierte im Auftrag des DDR-Fernsehens einen fünfteiligen Spielfilm „Martin Luther", das ZDF einen Zweiteiler mit dem gleichen Titel. Während der ostdeutsche Regisseur und Drehbuchautor Kurth Veth eine möglichst große Nähe zu den Originalschauplätzen mit der Wahl der Drehorte anstrebte, spielte der westdeutsche Film Rainer Wolffhardts fast ausschließlich in und vor der Nürnberger St.-Lorenzkirche. Lambert Hamel verkörperte den Reformator kraftvoll und leidenschaftlich als Prediger genauso wie als Familienvater.

Das fünfteilige Film-Epos des DDR-Fernsehens mit Ulrich Thein in der Hauptrolle und einer Gesamtspielzeit von mehr als siebeneinhalb Stunden setzte dem Reformator das umfangreichste filmische Monument *(Abb. 75)*. Die Resonanz des Films war auch nahezu durchweg positiv, an der beeindruckenden Darstellung des Reformators störten nur die lang anhaltend cholerisch gespielten Passagen. Dieser

Film widerspiegelt das Bestreben der DDR, Luther als berühmte Gestalt der deutschen Geschichte in ihr eigenes Tra-
ditionsbild zu integrieren. Darüber hinaus wurde auch hier
versucht, Luther für aktuelle politische Ziele zu instrumentalisieren: Vor dem Hintergrund des internationalen Wett-
rüstens wird ihm als letztes Wort in den Mund gelegt: „So-
lange ich lebe, will ich Gott darum bitten – Deutschland soll
durch Krieg keine Not haben."
So unterschiedlich die bewegten Lutherbilder auch ausfal-
len, eines haben sie doch gemeinsam, sie zeichnen ein über-
wiegend sympathisches Bild des Reformators. Seine Schat-
tenseiten, wie die Judenfeindschaft, hat man in andere
Formate wie die filmische Dokumentation, z. B. „Luther und
die Juden" (ZDF 1983), verbannt.

■ *Abb. 75   Ulrich Thein als Luther in „Martin Luther", 1983*

Literaturauswahl

Besier, Gerhard: Reformationsfeiern in der Mark Brandenburg vom 17.–20. Jahrhundert als Spiegel der Rezeption. In: Jahrbuch für Berlin-Brandenburgische Kirchengeschichte, Jg. 58 (1991), S. 134–198

Bornkamm, Heinrich: Luther im Spiegel der deutschen Geistesgeschichte, 2. Aufl. Göttingen 1970

Burkhardt, Johannes: Reformations- und Lutherfeiern. Die Verbürgerlichung der reformatorischen Jubiläumskultur. In: Öffentliche Festkultur. Politische Feste in Deutschland von der Aufklärung bis zum Ersten Weltkrieg, hg. v. D. Düding u.a., S. 212–236

Deutsche Illustrierte Flugblätter des 16. und 17. Jahrhunderts, hg. v. W. Harms, Bd. 2: Historica, Tübingen 1997

Düfel, Hans: Das Lutherjubiläum 1883. In: Zeitschrift für Kirchengeschichte, 95 (1984), S. 1–94

Ebeling, Gerhard: Lutherstudien, Bd. 3, Tübingen 1985

„Er fühlt der Zeiten ungeheuren Bruch und fest umklammert er sein Bibelbuch ..." Zum Lutherkult im 19. Jahrhundert, hg. v. H. Eidam u. G. Seib, Berlin 1996

Ficker, Johannes: Die Bildnisse Luthers aus der Zeit seines Lebens. In: Lutherjahrbuch 1934, S. 103–161

Herte, Adolf: Das katholische Lutherbild im Bann der Lutherkommentare des Cochläus, 3 Bde., Münster 1943

Homann, Harald: Religion in der „bürgerlichen Kultur". Das Problem des Kulturprotestantismus. In: Protestantismus als Kultur, hg. v. Richart Ziegert, Bielefeld 1991, S. 67–84

Illustrierte Flugblätter aus den Jahrhunderten der Reformation und der Glaubenskämpfe. Kunstsammlungen der Veste Coburg (Ausstellungskatalog), hg. v. W. Harms, bearb. v. B. Rattay, Coburg 1983

Junghans, Helmar: Der junge Luther und die Humanisten, Weimar 1984

Kastner, Ruth: Geistlicher Raufhandel. Form und Funktion illustrierter Flugblätter zum Reformationsjubiläum 1617 in ihrem historischen und politischen Kontext, Frankfurt am Main, Bern 1982

Lehmann, Hartmut: Protestantische Weltsichten. Transformationen seit dem 17. Jahrhundert, Göttingen 1998

Luther im Porträt. Druckgrafik 1550–1900, hg. v. G. Seib, Marburg/Lahn 1983

Luther mit dem Schwan. Tod und Verklärung eines großen Mannes, Berlin 1996

Luther und die DDR. Der Reformator und das DDR-Fernsehen 1983, hg. v. H. Dähn u. J. Heise, Berlin 1996

Luther und die Folgen für die Kunst, hg. v. W. Hofmann, München 1983

Die lutherische Konfessionalisierung in Deutschland. Wissenschaftliches Symposion des Vereins für Reformationsgeschichte 1988, hg. v. Hans-Christoph Rublack, Gütersloh 1992 (Schriften des Vereins für Reformationsgeschichte; 197)

Luthers Leben in Illustrationen des 18. und 19. Jahrhunderts. Kunstsammlungen der Veste Coburg (Ausstellungskatalog), hg. v. J. Kruse, Coburg 1980

Marsch, Angelika: Bilder zur Augsburger Konfession und ihren Jubiläen. Mit einem Beitrag von Helmut Baier, Weißenhorn 1980

Meding, Wichmann von: Das Wartburgfest im Rahmen des Reformationsjubiläums 1817. In: Zeitschrift für Kirchengeschichte 97 (1986), S. 205–236

Moeller, Bernd: Die Rezeption Luthers in der frühen Reformation. In: Lutherjahrbuch 57 (1990), S. 57–71

Oelke, Harry: Die Konfessionsbildung des 16. Jahrhunderts im Spiegel illustrierter Flugblätter, Berlin, New York 1992

Reformationserinnerung und Lutherinszenierung, hg. v. St. Laube u. K.-H. Fix, Leipzig 2002

Reformationsjubiläen, hg. v. G. Schwaiger, Stuttgart 1982

Roy, Martin: Luther in der DDR. Zum Wandel des Lutherbildes in der DDR-Geschichtsschreibung, Bochum 2000 (Studien zur Wissenschaftsgeschichte; 1)

Siemon-Netto, Uwe: Luther als Wegbereiter Hitlers? Zur Geschichte eines Vorurteils. Gütersloh 1993

Theiselmann, Christiane: Das Wormser Lutherdenkmal Ernst Rietschels (1856–1868) im Rahmen der Lutherrezeption des 19. Jahrhunderts, Frankfurt/Main 1992

Von der Kapelle zum Nationaldenkmal. Die Wittenberger Schlosskirche, hg. v. M. Steffens u. I. Ch. Hennen, Wittenberg 1998

Zeeden, Ernst Walter: Martin Luther und die Reformation im Urteil des deutschen Luthertums, 2 Bde., Darmstadt 1950–52

Katalog

Sigelliste

Blum/Müller-Jahncke/Rhein – Jürgen Blum, Wolf-Dieter Müller-Jahncke und Stefan Rhein, Melanchthon auf Medaillen 1925–1997. Ubstadt-Weiher 1997

Eidam/Seib – Hardy Eidam/Gerhard Seib, Er fühlt der Zeiten ungeheuren Bruch und fest umklammert er sein Bibelbuch. Zum Lutherkult im 19. Jahrhundert. Berlin 1996

Harms – Wolfgang Harms (Hg.) Deutsche illustrierte Flugblätter des 16. und 17. Jahrhunderts. Die Sammlung der Herzog-August-Bibliothek in Wolfenbüttel, Bd. 2. Historica. Tübingen 1997

Hofmann – Werner Hofmann, Luther und die Folgen für die Kunst. Katalog der Ausstellung der Hamburger Kunsthalle. München 1983

Juncker – Christian Juncker, Das guldene und silberne Ehren-Gedächtnis des teuren Gottes-Lehrers D. Martini Lutheri. Frankfurt und Leipzig 1706

Kreußler – Heinrich Gottlieb Kreußler, D. Martin Luthers Andenken in Münzen ... Leipzig 1818

Kruse – Joachim Kruse/Minni Maedebach, Luthers Leben in Illustrationen des 18. und 19. Jahrhunderts. Coburg 1980

Kruse/Aufsätze – Joachim Kruse, Katharina von Bora in Bildern in: Katharina von Bora, die Lutherin. Aufsätze anlässlich ihres 500. Geburtstages. Wittenberg 1999

Luther/Schwan – Luther mit dem Schwan. Tod und Verklärung eines großen Mannes. Berlin 1996

Lutherhalle – Martin Luther 1483 bis 1546. Katalog der Hauptausstellung in der Lutherhalle Wittenberg. 2. Aufl. bearb. von Volkmar Joestel. Berlin 1993

Die Lutherin – Martin Treu, Lieber Herr Käthe. Katharina von Bora, die Lutherin. Rundgang. Wittenberg 1999

Marsch – Angelika Marsch, Bilder zur Augsburger Konfession und ihren Jubiläen. Weißenhorn 1980

Mortzfeld – Peter Mortzfeld (Bearb.), Kataloge der grafischen Porträts in der Herzog-August-Bibliothek Wolfenbüttel 1500–1850. Reihe A: Die Porträtsammlung der Herzog-August-Bibliothek Wolfenbüttel. Bd. 15. München (u. a.) 1990

Oelke – Harry Oelke, Die Konfessionsbildung des 16. Jahrhunderts im Spiegel illustrierter Flugblätter. Berlin (u. a.) 1992

Rattay – Beate Rattay (Bearb.)/Wolfgang Harms (Hg.), Illustrierte Flugblätter aus den Jahrhunderten der Reformation und der Glaubenskämpfe. Ausstellungskatalog der Kunstsammlungen der Veste Coburg. Coburg 1983

Schnell – Hugo Schnell, Martin Luther und die Reformation auf Münzen und Medaillen. Braunschweig 1983

Seib – Gerhard Seib (Hg.), Luther im Porträt. Druckgrafik 1550–1900. Marburg/Lahn 1983

Slg. Rumpf – Auktions-Catalog einer alten Sammlung von Münzen und Medaillen auf die Reformation und den Protestantismus. Auktionskatalog der Fa. Adolph Hess Nachfolger, Frankfurt/Main, vom 27.01.1910 f.

Slg. Whiting – Martin Luther und die Reformation auf Münzen und Medaillen (Sammlung Prof. Robert B. Whiting, Philadelphia). Auktionskatalog der Fa. Spink & Son Ltd., Zürich und C. E. Bullowa, Philadelphia, vom 19.–20. April 1983

Steffens – Martin Steffens „Dem wahrhaft großen Dr. Martin Luther ein Ehrendenkmal zu errichten". Zwei Denkmalprojekte im Mansfelder Land (1801–1821 und 1869–1883) in: Preußische Lutherverehrung im Mansfelder Land. Leipzig 2002

Strehle – Jutta Strehle, Martin Luther 1983. Lutherinterpretation in der bildenden Kunst der ehemaligen DDR. Wittenberg 1992

Thulin – Oskar Thulin, Bildanschauung zur Confessio Augustana und den Jahrhundertfeiern, in: Luther: Vierteljahresschrift der Luthergesellschaft 12 (1930), S. 114–127

Thulin 1941 – Oskar Thulin, Das Lutherbild der Gegenwart in: Luther-Jahrbuch 23 (1941), S. 123–148

Tornau – Otto Tornau, Münzwesen und Münzen der Grafschaft Mansfeld ... Prag 1937

VD 16 – Verzeichnis der im deutschen Sprachbereich erschienenen Drucke des 16. Jahrhunderts. Stuttgart 1983 ff.

Wiecek – Adam Wiecek, Sebastian Dadler, Medalier gdanski XVII wieku. Danzig 1962

Wohlfahrt – Cordula Wohlfahrt, Christian Wermuth, ein deutscher Medailleur der Barockzeit. London 1992

Die Maße der Grafiken wurden mit Bildmaß und Blattmaß (in Klammern) angegeben.
Die Maße der 3D-Objekte geben immer nur deren größte Ausmaße an.

Exponate

Lutherverehrung und Lutherverdammung im 16. Jahrhundert

Martin Luther (Abb. 1)
Öl auf Leinwand, 16./17. Jh.
940 mm x 755 mm (1200 mm x 1050 mm)
Signatur: G 157

Martin Luther (Abb. 2)
Wieland Förster
Bronze, patiniert, 1982
620 mm x 400 mm x 320 mm
Signatur: P 66
Strehle, Nr. 38

Martin Luther im Gebet zu Worms
Holzschnitt, 2. Hälfte 16. Jh.
179 mm x 242 mm (336 mm x 242 mm)
Signatur: fl II 580
Lutherhalle, S. 103, Abb. 87

Lutherus triumphans (Abb. 4)
Radierung, um 1569
340 mm x 275 mm (363 mm x 293 mm)
Signatur: fl IX 1035
vgl. Harms, S. 36 f.; Oelke, C/Nr. 18; Rattay, S. 28–31

Der Ketzerbaum (Abb. 5)
Abraham Nagel
Holzschnitt, 1589
360 mm x 241 mm (407 mm x 243 mm)
Signatur: grfl VI 1071
Lutherhalle, S. 257, Abb. 234

Martin Luther (Abb. 3)
Lucas Cranach d. J. (Werkstatt)
Holzschnitt aus elf Teilen, um 1560
Wittenberg: Hans Lufft
1350 mm x 715 mm
Signatur: impfl 5201
Lutherhalle, S. 216, Abb. 197

Martin Luther
nach Lucas Cranach d. Ä.
Öl auf Holz, 16./17. Jh.
201 mm x 137 mm (235 mm x 172 mm)
Signatur: G 40
Die Lutherin, S. 29

Katharina von Bora
nach Lucas Cranach d. Ä.
Öl auf Holz, 16./17. Jh.
201 mm x 136 mm (235 mm x 171 mm)
Signatur: G 41
Die Lutherin, S. 29

Martin Luther
Öl auf Leinwand, 17./18. Jh.
190 mm x 155 mm (230 mm x 195 mm)
Signatur: G 33
Lutherhalle, S. 230, Abb. 207

Katharina von Bora
Öl auf Leinwand, 17./18. Jh.
190 mm x 155 mm (232 mm x 198 mm)
Signatur: G 34
Lutherhalle, S. 230, Abb. 208

Martin Luther und Katharina von Bora
nach Lucas Cranach d. Ä.
Öl auf Holz, 16./17. Jh.
158 mm x 228 mm (240 mm x 310 mm)
Signatur: G 21

Martin Luther
Lucas Cranach d. J., Werkstatt
Holzschnitt, um 1546
Magdeburg: Johann Daniel Müller
354 mm x 272 mm (386 mm x 297 mm)
Signatur: grfl IId 583

Einband mit dem Bildnis Martin Luthers
Leder, geprägt, 16. Jh.
aus: Luther, Martin: Der sechste Teil aller Bücher
und Schriften Jena: Thomas Rebart (Erben) 1578
Signatur: Ag 2° 19
VD 16 L 3387

Einbandteil mit dem Bildnis Martin Luthers
Leder, geprägt, 16. Jh.
132 mm x 62 mm (253 mm x 205 mm)
Signatur: 4° XIX 10058

Einbandteil mit dem Bildnis Martin Luthers
Leder, geprägt, 16. Jh.
174 mm x 90 mm (253 mm x 204 mm)
Signatur: 4° XIX 11786

Einbandteil mit dem Bildnis Martin Luthers
Leder, geprägt, 16. Jh.
120 mm x 40 mm (253mm x 205 mm)
Signatur: 4° XIX 11787

Reformationsjubiläen im 17. Jahrhundert

Der Traum Friedrichs des Weisen (Abb. 10)
nach Conrad Grahle, 1617
Einblattdruck, Holzschnitt, 17. Jh.
245 mm x 353 mm (570 mm x 356 mm)
Signatur: grfl VI 1184
Harms, S. 222 f.

Gedenkblatt zum Reformationsjubiläum 1617
(Abb. 6)
Hans Troschel
Kupferstich, 1617
335 mm x 238 mm (362 mm x 262 mm)
Signatur: fl VIII 1176
Harms, S. 218 f.; Oelke, A/Nr. 133

Entlaufener Ablasskrämer und hell leuchtendes
evangelisches Licht (Abb. 7)
Conrad Grahle
Radierung, 1617
130 mm x 211 mm (365 mm x 211 mm)
Signatur: fl IX 1037
Harms, S. 224 f.

Wunderwerk D. Martin Luthers: Der päpstliche
Stuhl wird sinken (Abb. 8)
Kupferstich, 1618
144 mm x 298 mm (424 mm x 314 mm)
Signatur: fl IX 9079
Harms, S. 232 f.

Gedenkblatt zum Jubiläum des Augsburger
Bekenntnisses 1630 (Abb. 13)
Kupferstich, 1630
300 mm x 375 mm (440 mm x 387 mm)
Signatur: grfl VI 1041

Nun muss es ja gewandert sein (Abb. 12)
Kupferstich, zwischen 1620 und 1630
170 mm x 238 mm (193 mm x 258 mm)
Signatur: 4° XIV 1056
Harms, S. 298 f.

Teller mit den Bildnissen Luthers und
Katharina von Boras
Zinn, graviert, 1661
Ø 215 mm
Signatur: K 272
Die Lutherin, S. 92

Martin Luther (Abb. 15)
Blei, getrieben, Anfang 17. Jh.
Rahmen 1. Hälfte 19. Jh.
250 mm x 203 mm (326 mm x 280 mm)
Signatur: K 26

Martin Luther (Abb. 14)
Fragment (vermutlich Emporenmalerei)
Öl auf Holz, 17./18. Jh.
734 mm x 323 mm
Signatur: G 35

Martin Luther
Öl auf Holz
Rahmen 19. Jh.
323 mm x 241 mm (650 mm x 540 mm)
Signatur: G 83

Martin Luther
Leder geprägt, vergoldet, 17./18. Jh.
Rahmen Anfang 20. Jh.
365 mm x 285 mm (489 mm x 406 mm)
Signatur: K 164
Luther/Schwan, S. 100

Luther mit dem Schwan (Abb. 9)
Kupferstich, um 1620
aus: Biblia … Goslar: Johann Vogt, 1620
322 mm x 204 mm (334 mm x 216 mm)
Signatur: fl III 695
Luther/Schwan, S. 87

Luthergedenken im 18. Jahrhundert

Das Licht ist auf den Kandelaber gestellt
Jan Houwens
Kupferstich, etwa 1620–1656
Text: H. Bergius Nardenus
335 mm x 518 mm (425 mm x 522 mm)
Signatur: grfl VI 1042
Harms, S. 216 f.; Rattay, S. 22f.

Geist wider Wort (Abb. 17)
Kupferstich, 17./18. Jh.
122 mm x 228 mm
Signatur: 4° XIV 1017

Luther – Papst – Calvin (Abb. 11)
Kupferstich, 1619
157 mm x 107 mm (160 mm x 112 mm)
Signatur: 4° XIV 1015
Harms, S. 262 f.; Oelke, A/Nr. 139

Stein (Abb. 20)
Inschrift 16. Jh., erneuert 1717
Sandstein, vergoldet
290 mm x 540 mm x 110 mm
Signatur: MH K 98

Martin Luther als Aufklärer (Abb. 23)
Johann Martin Preisler
Kupferstich, um 1770
214 mm x 152 mm (279 mm x 198 mm)
Signatur: 4° IV 9270
Seib, Nr. 45

Luthers Leben und Werk aus der Sicht seiner papst-
treuen Gegner (Abb. 18, 19)
Radierung, 1730
375 mm x 255 mm (410 mm x 294 mm)
Signatur: grfl VI 1068
Kruse, Nr. 4

Martin Luther und Katharina von Bora (Abb. 21)
Kupferstich, 18. Jh.
235 mm x 337 mm (271 mm x 378 mm)
Signatur: fl VI 271
Mortzfeld, Nr. 13043

Familienbild Luthers
Kupferstich, 18. Jh.
314 mm x 200 mm (319 mm x 204 mm)
Signatur: fl VI 10808
Vgl. Kruse, Nr. 6; vgl. Mortzfeld, Nr. 13031

Luthers Gesamtleben
Elias Baeck
Kupferstiche, 1730
508 mm x 290 mm (567 mm x 342 mm)
Signatur: grfl Va 11789
Kruse, Nr. 8

Luther verbrennt die Bannandrohungsbulle
Nikolaus Daniel Chodowiecki
Radierung, 1798
161 mm x 96 mm (196 mm x 123 mm)
Signatur: 4° XII 1404
Kruse, Nr. 13

Martin Luther (Abb. 16)
Öl auf Leinwand, 1717
820 mm x 710 mm
Signatur: G 162

Martin Luther
Öl auf Leinwand, auf Holz aufgezogen, 18. Jh.
Rahmen 19. Jh.
640 mm x 602 mm (720 mm x 687 mm)
Signatur: G 36

Martin Luther
Joachim Witte
Zinn, graviert, 1708
(710 mm x 560 mm)
Signatur: K 366

Luther und Katharina
Gips auf Holz, 18./19. Jh.
157 mm x 212 mm (214 mm x 264 mm)
Signatur: P 28
Die Lutherin, S. 96

Das älteste reine Altertum der
Evangelisch-Lutherischen Kirche
Johann August Corvinus
Kupferstich, 1717
427 mm x 505 mm (469 mm x 557 mm)
Signatur: grfl V 11247

Augsburger Gedenkblatt zum Reformationsjubiläum
1717 (Abb. 22)
Carl Remshardt
Kupferstich, 1717
455 mm x 348 mm (470 mm x 350 mm)
Signatur: grfl V 1208
Marsch, S. 76–80 u. Abb. 85

Festdekoration in der Schlosskirche Wittenberg
zum Jubiläum der Augsburger Confession
Johann Gottfried Krügner nach
Michael Adolph Siebenhaar
Radierung, 1730
212 mm x 168 mm (242 mm x 204 mm)
Signatur: fl X d 10691

Festumzug in Wittenberg zum Jubiläum des
Augsburger Religionsfriedens
Polycarp Samuel Wagner, Johann David Schleuen
Radierung, 1756
217 mm x 1052 mm (223 mm x 1082 mm)
Signatur: impfl 10905

Feuerwerk zum Jubiläum des
Augsburger Religionsfriedens 1755
J. M. Höroldt, Fritsch
Radierung, 1756
240 mm x 315 mm (295 mm x 365 mm)
aus: Georgi, Johann Christoph:
Wittenberger Jubelgeschichte
Wittenberg: Johann Christoph Tschiedrich 1756
Signatur: ss 3415

Andenken-Dose mit Bildern zur Reformation anläss-
lich des Jubiläums der Augsburger Konfession
Abraham Remshard
Kolorierte Radierungen, um 1730
Holzdose Buchsbaum, Ø 55 mm
Signatur: V K2 - 2233 Lu

Medaille zum Jubiläum der Augsburger Konfession
(Abb. 24)
Georg Wilhelm und Andreas Vestner
Silber, 84 mm, 212,0 g
Signatur: M 165
Schnell 180, Bernheimer 254, Slg. Whiting 374 (Sn)

Medaille o. J. (17. Jh.) mit der Darstellung der Taufe
Christi
Silber, 50 mm, 26,9 g
Signatur: M 386

Medaille o. J. (17. Jh.) auf Martin Luther
Silber, 33 mm x 30 mm, 19,1 g
Signatur: M 442
Juncker, S. 222

Medaille 1630 auf das 100-jährige Jubiläum der
Augsburger Konfession
Dresden, Sebastian Dadler
Silber, 54 mm, 43,2 g
Signatur: M 159
Juncker S. 446, Wiecek 57, Schnell 73

Medaille 1661 auf das 100-jährige Jubiläum der
Naumburgischen Konvention der evangelischen
Fürsten
Eisleben, Hans Philipp Koburger
Silber, 45 mm, 14,6 g
Signatur: M 193
Tornau 1474 I

Medaille 1717 auf das
200-jährige Reformationsjubiläum
Amsterdam, de Wys
Silber, 61 mm, 72,1 g
Signatur: M 173
Kreußler Tfl. 32, 112, Schnell 130, Slg. Whiting 151

Medaille 1717 auf das
200-jährige Reformationsjubiläum
Silber, 53 mm, 41,7 g
Signatur: M 174
Kreußler Tfl. 19, 52, Schnell 102, Slg. Whiting 256

Gotha
Medaille 1717 auf das
200-jährige Reformationsjubiläum
Gotha, Christian Wermuth
Silber, 44 mm, 29,4 g
Signatur: M 323
Kreußler Tfl. 10, 10, Schnell 171, Wohlfahrt 17036

Danzig
Medaille 1730 auf das 200-jährige Jubiläum der
Augsburger Konfession
Danzig, Peter Paul Werner und Daniel Siewert
Silber, 42 mm, 30,1 g
Signatur: M 755
Slg. Rumpf 581, Schnell 207, Slg. Whiting 384

Nürnberg
Medaille 1730 auf das 200-jährige Jubiläum der
Augsburger Konfession
Nürnberg, Peter Paul Werner und
Siegmund Dockler
Silber, 44 mm, 29,6 g
Signatur: M 756
Schnell 229, Slg. Whiting 429,
Blum/Müller-Jahnke/Rhein 30

Zellerfeld
Medaille 1730 auf das 200-jährige Jubiläum der
Augsburger Konfession
Zellerfeld, Rudolph Philipp Wahl und Siegmund
Dockler
Silber, 50 mm, 29,1 g
Signatur: M 156
Schnell 206, Slg. Whiting 459, Blum/
Müller-Jahncke/Rhein 23

**Reformationsfeiern 1800 bis 1871
Lutherillustrationen**

D. Martin Luthers Verherrlichung (Abb. 42)
Johann Erdmann Hummel
Radierung, 1806
339 mm x 348 mm (390 mm x 428 mm)
Signatur: grfl IVc 1569
Kruse, Nr. 18

Luthers Geburt in Eisleben
Johann Erdmann Hummel
Radierung, 1806
263 mm x 217 mm (387 mm x 326 mm)
Signatur: grfl IVv 1351
Kruse, Nr. 18

Luthers Freund wird vom Blitz erschlagen
Johann Erdmann Hummel
Radierung, 1806
263 mm x 191 mm (385 mm x 295 mm)
Signatur: grfl IVc 1361
Kruse, Nr. 18

Der Thesenanschlag an die Schlosskirche von
Wittenberg
Johann Erdmann Hummel
Radierung, 1806
263 mm x 217 mm (377 mm x 302 mm)
Signatur: grfl IVc 1377
Kruse, Nr. 18

Luther vor dem päpstlichen Legaten Cajetan
Johann Erdmann Hummel
Radierung, 1806
217 mm x 235 mm (368 mm x 370 mm)
Signatur: grfl IVc 1380
Kruse, Nr. 18

Luther verbrennt die Bannandrohungsbulle
Johann Erdmann Hummel
Radierung, 1806
218 mm x 235 mm (368 mm x 368 mm)
Signatur: grfl IVc 1389
Kruse, Nr. 18

Luther vor dem Reichstag zu Worms
Johann Erdmann Hummel
Radierung, 1806
218 mm x 302 mm (355 mm x 404 mm)
Signatur: grfl IVc 1450
Kruse, Nr. 18

Luther als Junker Jörg auf der Wartburg
Johann Erdmann Hummel
Radierung, 1806
217 mm x 232 mm (287 mm x 297 mm)
Signatur: grfl IVc 1484
Kruse, Nr. 18

Luther und seine Freunde bei der Bibelübersetzung
Johann Erdmann Hummel
Radierung, 1806
218 mm x 233 mm (342 mm x 340 mm)
Signatur: grfl IVc 1495
Kruse, Nr. 18

Luthers Eheschließung mit Katharina von Bora
Johann Erdmann Hummel
Radierung, 1806
262 mm x 218 mm (323 mm x 278 mm)
Signatur: grfl IVc 1490
Kruse, Nr. 18

Luther gebietet dem Bildersturm Einhalt
Johann Erdmann Hummel
Radierung, 1806
260 mm x 189 mm (310 mm x 241 mm)
Signatur: grfl IVc 1488
Kruse, Nr. 18

Luthers Tod in Eisleben
Johann Erdmann Hummel
Radierung, 1806
261 mm x 217 mm (380 mm x 323 mm)
Signatur: grfl IVc 1542
Kruse, Nr. 18

Luther vor dem Reichstag in Worms
4. Akt, 1. Szene aus „Die Weihe der Kraft"
Kolorierte Radierung, um 1806
Nürnberg bei Riedel
131 mm x 202 mm (215 mm x 262 mm)
Signatur: grfl VIII 1826
Vgl. Kruse, Nr. 19

Luther und die Bilderstürmer
4. Akt, 3. Szene aus „Die Weihe der Kraft"
Kolorierte Radierung, um 1806
Nürnberg bei Riedel
131 mm x 202 mm (220 mm x 276 mm)
Signatur: grfl VIII 1817
Vgl. Kruse, Nr. 19

Kostümstudien zu
„Martin Luther oder die Weihe der Kraft"
Radierung, koloriert, um 1806
Nürnberg bei Riedel
330 mm x 360 mm (342 mm x 386 mm)
Signatur: grfl VIII 1381
Vgl. Kruse, Nr. 19

Lutherdenkmäler

Entwurf zum Lutherdenkmal
Friedrich Georg Weitsch
Radierung nach einer Zeichnung, 1805
262 mm x 398 mm (317 mm x 423 mm)
Signatur: fl XI 1747
Steffens, S. 113 ff., Abb. S. 130

Entwurf zum Lutherdenkmal (Abb. 30)
„St." (Einsender), Jakisch (Zeichner)
Radierung nach einer Zeichnung, 1805
255 mm x 345 mm (283 mm x 376 mm)
Signatur: fl XI 1751c
Steffens, S. 113 ff., Abb. S. 132

Entwurf zum Lutherdenkmal (Abb. 31)
Johann Gottfried Schadow
Radierung nach einer Zeichnung, 1805
309 mm x 150 mm (333 mm x 168 mm)
Signatur: fl XI 1761
Steffens, S. 113 ff., Abb. S. 134

Entwurf zum Lutherdenkmal in Wittenberg
Johann Gottfried Schadow
Rötelzeichnung, um 1805
225 mm x 110 mm (255 mm x 162 mm)
Signatur: grfl X 6017

Entwurf zum Lutherdenkmal in Wittenberg
Johann Gottfried Schadow
Rötelzeichnung, um 1805
235 mm x 100 mm (259 mm x 162 mm)
Signatur: grfl X 6018

Martin Luther (Abb. 32)
Johann Gottfried Schadow
Gips, patiniert, 1807
620 mm x 345 mm x 290 mm
Signatur: P 10

Johann Gottfried Schadow mit dem Modell seines
Lutherdenkmals (Abb. 33)
Friedrich Ludwig Heine nach Ludwig Buchhorn
Lithografie, 1830
457 mm x 350 mm (580 mm x 407 mm)
Signatur: grfl X 1787a

Denkmal Dr. Martin Luthers zu Wittenberg (Abb. 34)
Johann Jakob Kirchhoff nach Ludwig Buchhorn
Stahlstich, nach 1821
500 mm x 366 mm (632 mm x 430 mm)
Signatur: grfl VII 1785

Luther-Statuette
nach Gottfried Schadow
Gips, gefasst, teilweise vergoldet, 19. Jh.
165 mm x 50 mm x 55 mm
Signatur: K 379

Luther-Statuette (Abb. 25)
nach Johann Gottfried Schadow
Eisenkunstguss, 1. Hälfte 19. Jh.
140 mm x 45 mm x 45 mm
Signatur: K 239
Eidam/Seib, S. 101 ff., vgl. Abb. 2

Luther-Statuette
nach Johann Gottfried Schadow
Eisenkunstguss, 1842
140 mm x 45 mm x 45 mm
Signatur: K 380
Eidam/Seib, S. 101 ff., vgl. Abb.2

Briefbeschwerer mit Lutherbüste (Abb. 25)
Eisenkunstguss, 1. Hälfte 19. Jh.
70 mm x 100 mm x 50 mm
Signatur: K 104
Eidam/Seib, S. 101 ff., vgl. Abb. 5

Dose mit Lutherporträt (Abb. 25)
Eisenkunstguss, 1. Hälfte 19. Jh.
Ø 80 mm
Signatur: K 383
Eidam/Seib, S. 101 ff.

Plakette mit Lutherporträt (Abb. 25)
Eisenkunstguss, 1. Hälfte 19. Jh.
Ø 60 mm
Signatur: K 384
Eidam/Seib, S. 101 ff., vgl. Abb. 7

Martin Luther
nach Ernst Rietschel
Gips, patiniert, 2. Hälfte 19. Jh.
Aus dem 1:10-Gipsmodell des Wormser Denkmals
420 mm
Signatur: P 5b

Petrus Waldus
nach Ernst Rietschel
Gips, patiniert, 2. Hälfte 19. Jh.
Aus dem 1:10-Gipsmodell des Wormser Denkmals
200 mm
Signatur: P 5c

Girolamo Savanarola
nach Ernst Rietschel
Gips, patiniert, 2. Hälfte 19. Jh.
Aus dem 1:10-Gipsmodell des Wormser Denkmals
200 mm
Signatur: P 5d

Jan Hus
nach Ernst Rietschel
Gips, patiniert, 2. Hälfte 19. Jh.
Aus dem 1:10-Gipsmodell des Wormser Denkmals
200 mm
Signatur: P 5e

Die protestierende Speyer
nach Ernst Rietschel
Gips, patiniert, 2. Hälfte 19. Jh.
Aus dem 1:10-Gipsmodell des Wormser Denkmals
200 mm
Signatur: P 5f

Das Lutherdenkmal in Worms (Abb. 36)
Hugo Bürkner nach Julius Hübner,
Holzstich auf Tonplatte, 1860
367 mm x 517 mm (420 mm x 542 mm)
Signatur: grfl VIIc 8552
Steffens, S. 113 ff., Abb. S. 157

Das Lutherdenkmal in Worms
Ch. Bach
Lithografie auf Tonplatte, nach 1868
Druck: E. G. May, Frankfurt/ M.
363 mm x 471 mm (479 mm x 568 mm)
Signatur: grfl VIIc 11788

Statuette Martin Luthers
nach Ernst Rietschel
Gips
600 mm x 180 mm x 210 mm
Signatur: P 89
Eidam/Seib, S. 89 ff.

Luther-Statuette
nach Ernst Rietschel
Zinkguss, gefasst, 2. Hälfte 19. Jh.
290 mm x 85 mm x 90 mm
Signatur: K 192
Eidam/Seib, S. 89 ff.

Luther-Statuette mit Spieluhr (Abb. 37)
nach Ernst Rietschel
Zinkguss, nach 1883
400 mm x 150 mm x 150 mm
Signatur: K 359
Eidam/Seib, S. 89 ff., vgl. Abb. S. 94

Worms
Medaille 1868 auf die Errichtung des
Lutherdenkmals
Darmstadt, Christian Schnitzspahn
Weißmetall, 60 mm
Signatur: M 1399
Slg. Whiting 739

Schale mit dem Lutherdenkmal in Worms
Zinn, um 1900
170 mm x 120 mm
Signatur: K 257

Becher mit Sehenswürdigkeiten von Worms
Zinn, um 1900
107 mm x 58 mm x 58 mm
Signatur: K 320

Martin Luther
nach Johann Gottfried Schadow
Marmor, 1885
500 mm x 450 mm x 300 mm
Signatur: P 83

Martin Luther (Abb. 27)
Stickerei, verglast, 1. Hälfte 19. Jh.
130 mm x 135 mm (203 mm x 210 mm x 45 mm)
Signatur: K 361

Lutherrelief mit Laubkranz
Eisenkunstguss, bronziert, verglast, 1. Hälfte 19. Jh.
Ø 115 mm
Signatur: K 90

Lutherrelief
C. Osterwald, Sayn bei Coblenz
Gips, Holz, verglast, 1. Hälfte 19. Jh.
135 mm x 135 mm x 20 mm
Signatur: K 87

Lutherrelief
Eisenkunstguss, bronziert, Holz, Stuck, Samt, 1883
320 mm x 280 mm x 45 mm
Signatur: K 296

Lutherrelief mit Umschrift
Eisenkunstguss, bronziert, verglast, 1817
Ø 165 mm
Signatur: K 91

Lutherrelief mit Umschrift
Messing, getrieben, Samt, 1817
Ø 166 mm
Signatur: K 382

Lutherrelief mit Umschrift
Eisenkunstguss, 1817
Ø 165 mm
Signatur: K 385

Lutherrelief mit Umschrift
Eisenkunstguss, 1817
Ø 164 mm
Signatur: K 386

Lutherstuhl

Lutherstube auf der Wartburg mit Lutherstuhl
Postkarte
73 mm x 108 mm
Signatur: 4° Ca 11783
Vgl. Eidam/Seib, S. 118 ff.

Lutherstube auf der Wartburg mit Lutherstuhl
(Abb. 38)
Postkarte
90 mm x 138 mm
Signatur: 4° Ca 8401e
Vgl. Eidam/Seib, S. 118 ff.

Lutherstube auf der Wartburg mit Lutherstuhl
Postkarte
87 mm x 136 mm
Signatur: 4° Ca 8497f
Vgl. Eidam/Seib, S. 118 ff.

Martin Luther
Farblithografie, 1853
638 mm x 518 mm (711 mm x 518 mm)
Signatur: grfl II 8364

Lutherstuhl (Tafel 1)
Nussbaum, poliert, Flachschnitzerei, Ende 19. Jh.
960 mm x 635 mm x 640 mm
Signatur: K 271
Eidam/Seib, S. 118 ff., vgl. Abb. S. 119 f

Wohnzimmer mit Lutherstuhl in der Regensburger
Villa Theresia (Tafel 1)
Jürgen Schmiedekampf
Wandmalerei (nach Fotografie um 1890) 2003
2750 mm x 4100 mm
vgl. Eidam/Seib, S. 118 ff., Abb. S. 122

Tasse mit dem Porträt Martin Luthers
Marke: gekreuzte Schwerter
Porzellan, weiß, Gold, 1830
108 mm x 77 mm (Tasse), 26 mm x 136 mm
(Untertasse)
Signatur: K 255
Eidam/Seib, S. 109 ff., vgl. Abb. S. 113

Tasse mit dem Porträt Martin Luthers
Marke: gekreuzte Schwerter
Porzellan, weiß, Gold, 1830
108 mm x 77 mm (Tasse), 26 mm x 136 mm
(Untertasse)
Signatur: K 143
Eidam/Seib, S. 109 ff., vgl. Abb. S 113

Tasse mit Porträt Martin Luthers (Abb. 28)
Porzellan, Gold, um 1830
79 mm x 73 mm (Tasse) 23 mm x 136 mm
(Untertasse)
Signatur: K 256
Eidam/Seib, S.109 ff.

Tasse mit dem Lutherhaus in Wittenberg
Marke: KPM
Porzellan, Gold, bemalt, vergoldet, 1844–1847
67 mm x 92 mm (Tasse) 25 mm x 153 mm
(Untertasse)
Signatur: K 264
Eidam/Seib, S. 109 ff.

Tasse mit dem Lutherhaus in Wittenberg
Marke: KPM
Porzellan, Gold, bemalt, vergoldet, um 1860
66 mm x 110 mm (Tasse), 25 mm x 150 mm
(Untertasse)
Signatur: K 240
Eidam/Seib, S. 109 ff.

Tasse mit dem Lutherdenkmal in Wittenberg
Marke: SPM
Porzellan, bemalt, vergoldet, um 1860
71 mm x 48mm (Tasse) 22 mm x 152 mm
(Untertasse)
Signatur: K 265
Eidam/Seib, S. 109 ff., vgl. Abb. S. 115

Tasse mit dem Lutherdenkmal in Wittenberg
(Abb. 35)
Porzellan, bemalt, vergoldet, 1821
101 mm x 72 mm (Tasse) 27 mm x 145 mm
(Untertasse)
Signatur: K 241
Eidam/Seib, S. 109 ff., vgl. Abb. S. 115

Teller mit Lutherporträt
Hinterglasmalerei, um 1840
17 mm x 205 mm
Signatur: K 193

Tabakspfeife
Porzellan mit Umdruck, handkoloriert, Metall, Holz,
Ende 19. Jh.
322 mm x 90 mm x 37 mm
Signatur: K 314
Eidam/Seib, S. 109 ff., vgl. Abb. S. 117

Pfeifenkopf mit Luther, Melanchthon und Calvin
Porzellan, bemalt, vergoldet, Messing,
1. Hälfte 19. Jh.
125 mm x 35 mm
Signatur: K 387
Eidam/Seib, S. 109 ff., vgl. Abb. S. 117

Pfeifenkopf mit Luther, Melanchthon, Papst Leo X.
und Tetzel
Porzellan, bemalt, vergoldet, Messing,
1. Hälfte 19. Jh.
125 mm x 35 mm
Signatur: K 259
Eidam/Seib, S. 109 ff., vgl. Abb. S. 117

Lutherandenken in Form eines Reisealtars
Bein, Holz, Mitte 19. Jh.
300 mm x 450 mm (geöffnet)
Signatur: K 360

Dose mit Porträts von Luther und Katharina
(Abb. 29)
Holz, gedrechselt, 1. Hälfte 19. Jh.
Ø 95 mm
Signatur: K 41
Die Lutherin, S. 94

Dose mit Lutherdenkmal in Wittenberg
Holz, gedrechselt, 1821
Ø 100 mm
Signatur: K 40

Dose mit Luther und Melanchthon
Holz, gedrechselt, 1830
Ø 91 mm
Signatur: K 43

Glas mit dem Marktplatz von Wittenberg
Glas, gepresst, rubiniert, geschliffen, um 1870
135 mm x 70 mm
Signatur: K 263

Humpen mit Lutherporträt und Lutherrose
Steingut, weiß glasiert, Ende 19. Jh.
156 mm x 105 mm
Signatur: MH K 412

Weinkanne
Westerwälder Steinzeug, blau und grau,
Ende 19. Jh.
300 mm x 150 mm
Signatur: K 173

Lutherillustrationen

Luthers Leben
nach Peter Carl Geißler
Hinterglasbild, 19. Jh.
364 mm x 217 mm (422 mm x 275 mm)
Signatur: K 362
Vgl. Kruse, Nr. 33

Luther als Kurrendeschüler
Peter Carl Geißler
Kolorierte Radierung, um 1825
Nürnberg: Friedrich Campe
155 mm x 203 mm (208 mm x 252 mm)
Signatur: fl VII 1596a
Kruse, Nr. 33

Thesenanschlag
Peter Carl Geißler
Kolorierte Radierung, um 1825
Nürnberg: Friedrich Campe
151 mm x 205 mm (230 mm x 320 mm)
Signatur: fl VII 10837
Kruse, Nr. 33

Luther auf dem Reichstag in Worms
Peter Carl Geißler
Kolorierte Radierung, um 1825
Nürnberg: Friedrich Campe
148 mm x 204 mm (215 mm x 277 mm)
Signatur: fl VII 1596e
Kruse, Nr. 33

Luthers Entführung auf die Wartburg
Peter Carl Geißler
Kolorierte Radierung, um 1825
Nürnberg: Friedrich Campe
150 mm x 206 mm (229 mm x 318 mm)
Signatur: fl VII 10832
Kruse, Nr. 33

Luther im Kreis seiner Familie (Abb. 43)
Peter Carl Geißler
Kolorierte Radierung, um 1825
Nürnberg: Friedrich Campe
151 mm x 205 mm (234 mm x 290 mm)
Signatur: fl VII 1596g
Kruse, Nr. 33

Gott erhalte die Lutherische Religion
F. Wessel
Radierung, 1817
430 mm x 435 mm (462 mm x 486 mm)
Signatur: grfl Vd 1198

Vater unser – Oraison Dominicale
Adolph von Menzel
Federlithografie mit graugrüner Tonplatte, 1837
595 mm x 450 mm (632 mm x 500 mm)
Signatur: impfl 1833
Hofmann S. 525 f
Luther/Schwan S. 115

Das Deutsche Land (Abb. 26)
I. F. Lüser
Farblithografie, 1841
436 mm x 305 mm (590 mm x 450 mm)
Signatur: grfl V 1304
Luther/Schwan S. 114

Lutherbuchenreliquien

Die Lutherbuche bei Altenstein (Abb. 39)
C. Bögehold
Radierung, 1819
147 mm x 219 mm (185 mm x 241 mm)
Signatur: 4° XII 1475
Eidam/Seib, S. 123 ff.

Die Lutherbuche bei Altenstein
Jürgen Schmiedekampf
Wandmalerei (nach Radierung 1819) 2003
2755 mm x 2450 mm
Eidam/Seib, S. 123 ff.

Becher
Carl Munkel
Buchenholz, gedrechselt, poliert, lackiert,
nach 1841
70 mm x 84 mm
Signatur: K 151
Eidam/Seib, S. 123 ff.

Kelch (Abb. 40)
Carl Munkel
Buchenholz, gedrechselt, poliert, lackiert,
nach 1841
191 mm x 123 mm
Signatur: K 5
Eidam/Seib, S. 123 ff., Abb. S. 128

Kleiner Becher
Carl Munkel
Buchenholz, gedrechselt, poliert, lackiert,
nach 1841
78 mm x 62 mm
Signatur: K 388
Eidam/Seib, S. 123 ff.

Nähzeug
Carl Munkel
Buchenholz, gedrechselt, poliert, lackiert,
nach 1841
65 mm x 30 mm
Signatur: K 389
Eidam/Seib, S. 123 ff.

Blätter von der Lutherbuche bei Altenstein (Abb. 41)
Papier, Pappe, Glas, 19. Jh.
130 mm x 150 mm
Signatur: K 73

Spazierstock aus einem Ast der Luthereiche
auf der Wartburg
Eiche, 1871
856 x 43 x 43 mm
Signatur: K 313

Lutherillustrationen

Luther verbrennt die päpstliche Bulle
Adolph von Menzel
Lithografie, um 1832
250 mm x 325 mm (425 mm x 527 mm)
Signatur: grfl IV 11148
Kruse, Nr. 36

Luther als Familienvater (Abb. 44)
Adolph von Menzel
Lithografie, um 1832
252 mm x 327 mm (425 mm x 525 mm)
Signatur: grfl IV 11149
Kruse, Nr. 36

Luthers Leichenbegängnis von Eisleben nach
Wittenberg
Adolph von Menzel
Lithografie, um 1832
248 mm x 328 mm (428 mm x 530 mm)
Signatur: grfl IV 11322
Kruse, Nr. 36

Martin Luther
Adolph von Menzel
Lithografie, um 1832
300 mm x 235 mm (525 mm x 430 mm)
Signatur: grfl IV 11138
Kruse, Nr. 36

Luthers Abreise nach Worms April 1521
Carl August Schwerdgeburth
Stahlradierung, 1862
166 mm x 242 mm (281 mm x 353 mm)
Signatur: grfl IV 8172
Kruse, Nr. 60

Martin Luther in Jena
Carl August Schwerdgeburth
Stahlradierung, 1851
166 mm x 242 mm (310 mm x 370 mm)
Signatur: grfl IV 6460
Kruse, Nr. 60

Luthers Abschied Januar 1546
Carl August Schwerdgeburth
Stahlradierung, 1844
168 mm x 243 mm (265 mm x 328 mm)
Signatur: grfl IV 1526
Kruse, Nr. 60

Luther im Kreis seiner Familie Weihnachten 1536
(Abb. 45)
Carl August Schwerdgeburth
Stahlradierung, 1843
170 mm x 242 mm (332 mm x 376 mm)
Signatur: grfl IV 5501
Kruse, Nr. 60

Luther als Kurrendeschüler
Gustav König
Stahlradierung, 1851
162 mm x 82 mm (234 mm x 181 mm)
Signatur: fl VII 11779 a
Kruse, Nr. 62

Luther wird durch den Zuspruch eines
Klosterbruders gestärkt
Gustav König
Stahlradierung, 1851
86 mm x 97 mm (226 mm x 176 mm)
Signatur: fl VII 8674
Kruse, Nr. 62

Luther hält als Bakkalaureus Vorlesungen
Gustav König
Stahlradierung, 1851
91 mm x 111 mm (226 mm x 176 mm)
Signatur: fl VII 8675
Kruse, Nr. 62

Luther schlägt die 95 Thesen an
Gustav König
Stahlradierung, 1851
170 mm x 117 mm (234 mm x 183 mm)
Signatur: fl VII 11779 c
Kruse, Nr. 62

Luthers Vermählung
Gustav König
Stahlradierung, 1851
143 mm x 107 mm (234 mm x 181 mm)
Signatur: fl VII 11779 d
Kruse, Nr. 62

Die Bibelübersetzung (Abb. 47)
Gustav König
Stahlradierung, 1851
136 mm x 103 mm (234 mm x 181 mm)
Signatur: fl VII 11779 e
Kruse, Nr. 62

Luthers Winterfreuden im Kreise seiner Familie
(Abb. 46)
Gustav König
Stahlradierung, 1851
115 mm x 128 mm (234 mm x 181 mm)
Signatur: fl VII 11779 f
Kruse, Nr. 62

Luthers Tod
Gustav König
Stahlradierung, 1851
178 mm x 111 mm (234 mm x 181 mm)
Signatur: fl VII 11779 g
Kruse, Nr. 62

Luther auf Historiengemälden

Luther vor dem Reichstag zu Worms (Tafel 2)
Hermann Freihold Plüddemann
Öl auf Leinwand, 1864
1500 mm x 2400 mm (1700 mm x 2600 mm)
Signatur: G 58
Lutherhalle, S. 108 f., Abb. 92

Der Anschlag von Luthers 95 Thesen (Tafel 4)
Julius Hübner
Öl auf Leinwand, 1878
700 mm x 1185 mm (935 mm x 1415 mm)
Signatur: G 7
Joestel, Titel und S. 28 f

Lucas Cranach wirbt für Martin Luther um die Hand
Katharina von Boras
unbekannter Künstler
Bleistift auf Leinwand, 2. Hälfte 19. Jh.
1107 mm x 1509 mm (1260 mm x 1740 mm)
Signatur: G 161
Kruse/Aufsätze, S. 217 ff., Abb. S. 239

Luther wirft sein Tintenfass gegen den Teufel
Weimarer Malerschule
Öl auf Leinwand, 2. Hälfte 19. Jh.
978 mm x 865 mm (1175 mm x 1060 mm)
Signatur: G 160

Karl V. am Grabe Luthers (Tafel 3)
Adolf Friedrich Teichs
Öl auf Leinwand, 1845
2208 mm x 2940 mm (2390 mm x 3130 mm)
Leihgabe der Stadtkirchengemeinde Wittenberg
Lutherhalle, S. 260 f, Abb. 237

Luther verbrennt die Bannandrohungsbulle
Manasse Unger, um 1834
Öl auf Leinwand
465 mm x 515 mm (615 mm x 665 mm)
Signatur: G 155
Kruse/Aufsätze, S. 217 ff., Abb. S. 285

Luthers Verlobung
Gustav Adolph Spangenberg
Öl auf Leinwand, um 1860
655 mm x 490 mm (857 mm x 690 mm)
Signatur: G 57
Kruse/Aufsätze, S. 217 ff., Abb. S. 240

Luther als Kurrendeschüler
Ernst Hildebrand
Öl auf Leinwand, 1888
410 mm x 675 mm (554 mm x 814 mm)
Leihgabe der Staatlichen Museen zu Berlin –
Preußischer Kulturbesitz – Nationalgalerie

Luther vor dem Reichstag in Worms
Ernst Hildebrand
Öl auf Leinwand, 1889
420 mm x 680 mm (574 mm x 834 mm)
Leihgabe der Staatlichen Museen zu Berlin –
Preußischer Kulturbesitz – Nationalgalerie

Luther im Kreise seiner Familie
Ernst Hildebrand
Öl auf Leinwand, 1888
420 mm x 680 mm (577 mm x 830 mm)
Leihgabe der Staatlichen Museen zu Berlin –
Preußischer Kulturbesitz – Nationalgalerie
Lutherhalle, S. 236, Abb. 214

Reformations- und Lutherjubiläen im deutschen Kaiserreich 1871 bis 1918

Wittenberger Marktplatz 1883
Oscar Strensch
Fotografie, 1883
212 mm x 267 mm (327 mm x 427 mm)
Signatur: grfl VIIIc 11784f

Luther im Kreis seiner Familie
Oscar Strensch
Fotografie, 1883
214 mm x 277 mm (387 mm x 456 mm)
Signatur: grfl VIIIc 11784a

Die Maler
Oscar Strensch
Fotografie, 1883
235 mm x 285 mm (370 mm x 437 mm)
Signatur: grfl VIIIc 11784c

Die Landsknechte
Oscar Strensch
Fotografie, 1883
239 mm x 283 mm (378 mm x 433 mm)
Signatur: grfl VIIIc 11784b

Personal der Firma Bourzuschky & Söhne
Oscar Strensch
Fotografie, 1883
176 mm x 283 mm (303 mm x 406 mm)
Signatur: grfl VIIIc 11784e

Die Schuhmacher
Oscar Strensch
Fotografie, 1883
179 mm x 220 mm (330 mm x 385 mm)
Signatur: grfl VIIIc 11784d

Lorbeerkranz (Abb. 48)
Lorbeer, Seidenband, 1883, 1892
1000 mm x 1000 mm x 250 mm
Signatur: K 18

Thesenportal an der Schlosskirche
Oscar Strensch
Fotografie 1883
310 mm x 255 mm (424 mm x 335 mm)
Signatur: S 24/5467

Inneres der Schlosskirche
Oscar Strensch
Fotografie 1883
280 mm x 255 mm (424 mm x 335 mm)
Signatur: S 24/5468

Marktplatz
Oscar Strensch
Fotografie 1883
290 mm x 270 mm (424 mm x 335 mm)
Signatur: S 24/5469

Rathaus
Oscar Strensch
Fotografie 1883
270 mm x 260 mm (424 mm x 335 mm)
Signatur: S 24/5470

Repräsentationsgeschenk an den Kronprinzen
anlässlich der Einweihung der Lutherhalle 1883
(Abb. 49)
Oscar Strensch
Fotografie, 1883
Lober, Kassette, 1883
560 mm x 870 mm x 110 mm (geöffnet)
Signatur: K 390

Der Große Hörsaal
Oscar Strensch
Fotografie, 1883
230 mm x 290 mm (424 mm x 335 mm)
Signatur: S 24/5478

Die Lutherstube
Oscar Strensch
Fotografie, 1883
219 mm x 270 mm (424 mm x 335 mm)
Signatur: S 24/5479

Zug der Geistlichkeit, der Professoren und
Honoratioren zur Einweihung der Schlosskirche am
31. Oktober 1892
M. Ziesler
Fotografie, 31. Oktober 1892
155 mm x 215 mm (182 mm x 238 mm)
Signatur: 4° Cc 11710 a

Gang des Kaisers mit Gefolge zur Einweihung der
Schlosskirche
M. Ziesler
Fotografie, 31. Oktober 1892
153 mm x 215 mm (179 mm x 240 mm)
Signatur: 4° Cc 11710 b

Übergabe des Schlüssels an den Kaiser zur
Einweihung der Schlosskirche (Abb. 50)
M. Ziesler
Fotografie, 31. Oktober 1892
155 mm x 215 mm (182 mm x 238 mm)
Signatur: 4° Cc 11710 c

Kaiserliche Tribüne zur Einweihung der
Schlosskirche
M. Ziesler
Fotografie, 31. Oktober 1892
155 mm x 215 mm (182 mm x 238 mm)
Signatur: 4° Cc 11710 d

Urkunde zur Einweihung der Wittenberger
Schlosskirche
Emil Doepler d. J.
Lithografie, 1892
241 mm x 192 mm
Signatur: 6046

Schlüssel zur Thesentür mit Etui (Abb. 51)
Richard Preusser, Kunstschlosserei Wittenberg
Guss, vergoldet, 1892
165 mm x 10 mm x 55 mm
Signatur: K 26a

Speisekarte für das Festfrühstück am
31. Oktober 1892
Wilhelm Greve
Pappe, Blattgold, 1892, Faksimile 1983
235 mm x 155 mm
Signatur: 4° IL 11782

Einweihung der Schlosskirche
nach H. Lüders
Holzstich, 1892
246 mm x 173 mm (275 mm x 190 mm)
Signatur: grfl V MH 792

Wittenberg
Medaille 1892 auf die Einweihung der renovierten
Schlosskirche
Berlin, Reinhold Begas
Bronze, 77 mm
Signatur: M 1412
Slg. Whiting 797

Wittenberg
Medaille 1892 auf die Einweihung der renovierten
Schlosskirche
Berlin, Reinhold Begas
Bronze, 48 mm
Signatur: M 1378
Schnell 542, Slg. Whiting 796

Wittenberg
Medaille 1892 auf die Einweihung der renovierten
Schlosskirche
Berlin, Reinhold Begas
Bronze, 48 mm
Signatur: M 1377

Andenkenvase
Porzellan, Anfang 20. Jh.
89 mm x 64 mm
Signatur: K 308

Andenkenbecher
Zinn, vergoldet, um 1900
88 mm x 58 mm
Signatur: K 326

Andenkenbecher
Eisglas, um 1900
96 mm x 54 mm
Signatur: K 315

Andenkenbecher
Eisglas, um 1900
110 mm x 70 mm
Signatur: K 316

Martin Luther, der Deutsche
Richard Pfeiffer
Farblithografie, 1917
H. Schwarz, Königsberg, Verlag Rudolf Schlick & Co.
570 mm x 420 mm (650 mm x 499 mm)
Signatur: grfl V 8885

„Und wenn die Welt voll Teufel wär ..."
Karl Bauer, 1917
Kunstdruckerei Künstlerbund Karlsruhe GmbH
233 mm x 166 mm (248 mm x 170 mm)
Signatur: 4° XIII 8453

Luther und Bismark – „Zur Erinnerung an den
31. Oktober 1917" (Abb. 53)
Kunstverlagsanstalt Gerhard Stelling, Oldenburg
Postkarte, 1917
106 mm x 84 mm (144 mm x 94 mm)
Signatur: 4° C 11321

Zur Erinnerung an die 400. Jahrfeier der
Reformation
Verlag Oskar Peters, Darmstadt – Berlin
Postkarte, Kupferdruck, 1917
82 mm x 130 mm (90 mm x 140 mm)
Signatur: 4° C 11780

Zur Erinnerung an die 400. Jahrfeier der
Reformation
Verlag Oskar Peters, Darmstadt – Berlin
Postkarte, Kupferdruck, 1917
82 mm x 132 mm (90 mm x 140 mm)
Signatur: 4° C 11781

Krieg – Luther die Thesen anschlagend – Frieden
(Abb. 52)
Konfirmationsurkundenvordruck
Osmar Schindler
Farbdruck, 1917
335 mm x 247 mm (259 mm x 369 mm)
Signatur: fl V 8104

Teller mit dem Katharinenportal
Theo Schmuz-Baudiss, Franz Türcke
Königliche Porzellanmanufaktur Berlin, um 1915
Porzellan, polychrome Aufglasurmalerei
Ø 200 mm
Signatur: K 147

Teller mit der Thesentür
Franz Türcke, Mai 1917
Königliche Porzellanmanufaktur Berlin
(Modellbuch Nr. 10 936), um 1917
Porzellan, polychrome Unterglasurmalerei
Ø 366 mm
Signatur: K 148

Martin Luther
Metallguss, versilbert, auf Glas, 1917
74 mm x 52 mm (90 mm x 67 mm)
Signatur: K 253

Evangelisch-lutherische Gemeinde Amsterdam
Plakette 1917 für das
400-jährige Reformationsjubiläum
Utrecht, Georg Schwartze
Bronze, 60 mm x 40 mm
Signatur: M 1396, Slg. Whiting 833

Plakette 1917 auf das
400-jährige Reformationsjubiläum
Breslau, Paul Schulz
Eisen, 212 mm x 126 mm
Signatur: M 1555

Verein für Münzkunde Greifswald
Medaille 1917 auf das
400-jährige Reformationsjubiläum
Berlin, Eugenie Lange
Bronze, 87 mm
Signatur: M 1549
Slg. Whiting 849

Museumsgesellschaft Halle/Saale
Medaille 1917 auf das
400-jährige Reformationsjubiläum
Halle/Saale, Gustav Weidanz
Bronze, 66 mm
Signatur: M 1398
Schnell 363, Slg. Whiting 850

Medaille 1930 auf das 400-jährige Jubiläum der
Augsburger Konfession
Staatliche Porzellanmanufaktur Meißen
Böttgersteinzeug, 66 mm
Signatur: M 1697
Schnell 379, Slg. Whiting 898

Plakette 1933 auf den 450. Geburtstag
Martin Luthers
Lauchhammer, Heinrich Moshage
Eisen, 140 mm x 89 mm
Signatur: GH M 1428
Slg. Whiting 911

Rahmen für einen Lutherbrief (Abb. 54)
Paul Juckoff
Bronze, gegossen, 1915/16
550 mm x 400 mm
Signatur: K 375

Martin Luther
Karl Bauer
Farblithografie mit Originalrahmen, um 1917
930 mm x 615 mm (1062 mm x 744 mm)
Signatur: impfl 11785

Zur Erinnerung an die Reformation vor 400 Jahren
Franz Stassen
Farblithografie, 1917
542 mm x 394 mm (585 mm x 433 mm)
Signatur: grfl V 8481

Vitrine aus der Ausstattung der Luthergedenkhalle
Holz, bemalt,1915
900 mm x 1300 mm x 505 mm
Signatur: K 374

Luthergedenkhalle mit Erker
Fotografie, um 1917
227 mm x 157 mm

Luthergedenkhalle mit Vitrine
Fotografie, um 1917
127 mm x 173 mm

Martin Luther
Wolle, Rips, Papier, Stickerei, 19. Jh.
97 mm x 146 mm
Signatur: K 1a

Martin Luther
Baumwollfaden, Gewebe, Holz, Stickerei, 19. Jh.
147 mm x 116 mm (158 mm x 124 mm)
Signatur: K 1b

Pult mit Thesenfaksimile
1915
1200 mm x 400 mm x 500 mm
Signatur: K 381

Der „Lutherschreck" von Halle

Totenbildnis Martin Luthers
Lucas Furttennagel,
Zeichnung, 1546
Faksimile nach dem Original im Kupferstichkabinett
Berlin, 1935
278 mm x 218 mm (379 mm x 264 mm)
Signatur: grfl II 10785

Lutherfigur (Abb. 56)
Christian Gottlob Liebe
Radierung, koloriert, 1736
243 mm x 180 mm (295 mm x 196 mm)
Signatur: fl III 874

Mathilde Ludendorff
Der ungesühnte Frevel an Luther, Lessing,
Mozart und Schiller
München, 1933
230 mm x 155 mm
Signatur: 2649

Luthers Totenmaske (Abb. 55)
Wachs, um 1926
220 mm x 150 mm
Signatur: P 57

Luthers Totenmaske (Abb. 58)
Hans Hahne
Gips, um 1926
220 mm x 150 mm
Signatur: P 58

Lutherganzfigur (Abb. 57)
Fritz Möller
Fotografie, 1915
300 mm x 200 mm
Signatur: 4° XIX 8413

Lutherhalbfigur
Fritz Möller
Fotografie, 1915
300 mm x 200 mm
Signatur: 4° XIX 8413

Lutherfeiern 1918 bis 1946

„Und wenn die Welt voll Teufel wär!" (Abb. 59)
Ernst Barlach
Lithografie, 1915
420 mm x 290 mm (484 mm x 320 mm)
Signatur: grfl XIV 11271

Luther verbrennt die Bannandrohungsbulle
Lovis Corinth
Lithografie, 1921
325 mm x 250 mm (480 mm x 370 mm)
Signatur: grfl lvj XVIII

Luther und Katharina von Bora
Lovis Corinth
Lithografie, 1921
322 mm x 250 mm (490 mm x 369 mm)
Signatur: grfl lvj XXVIII

Luther errettet Melanchthon vom Tode (Abb. 60)
Lovis Corinth
Lithografie, 1921
315 mm x 260 mm (492 mm x 372mm)
Signatur: grfl lvj XXXVII

Dr. Martin Luther
Lovis Corinth
Lithografie, 1921
277 mm x 233 mm (490 mm x 370 mm)
Signatur: grfl lvj XXXVI

Martin Luther (Abb. 62)
nach Gerhard Marcks
Bronze, 1930/31
Gips, farbig, um 1931
480 mm
Signatur: P 48
Thulin 1941, S. 130, Abb. 16

Andenkenglas
Glas, bedruckt, vergoldet, um 1900
140 mm x 70 mm
Signatur: K 298

Vase
Porzellan, 1. H. 20. Jh.
134 mm x 71 mm
Signatur: K 325

Vase
Porzellan, nach 1922/1938
81 mm x 51 mm
Signatur: K 310

Aschenbecher
Porzellan, um 1930
22 mm x 128 mm x 120 mm
Signatur: K 317

Vase
F. F. N. Grossbreitenbach
Porzellan, nach 1922/1938
88 mm x 52 mm x 47 mm
Signatur: K 309

Vertikoväschen
Porzellan, bemalt, E. 19./A. 20. Jh.
150 mm x 80 mm x 65 mm
Signatur: K 292a

Vertikoväschen
Porzellan, bemalt, E. 19./A. 20. Jh.
150 mm x 80 mm x 65 mm
Signatur: K 292b

Schale
Porzellan, bemalt, bedruckt, vergoldet, um 1900
45 mm x 270 mm x 165 mm
Signatur: K 295

Schale
Porzellan, E. 19. Jh.
50 mm x 267 mm x 149 mm
Signatur: K 312

Kuchenteller mit dem Lutherhaus in Wittenberg
Porzellan, bedruckt, vergoldet, 1. H. 20. Jh.
40 x mm x 262 mm
Signatur: K 270

Milchkännchen mit dem Lutherhaus in Wittenberg
Porzellan, bedruckt, vergoldet, 1. H. 20. Jh.
126 mm x 140 mm
Signatur: K 269

Eierbecher
bedruckt, vergoldet, um 1920
70 mm x 43 mm
Signatur: K 299

Tasse mit Untertasse
Porzellan, A. 20. Jh.
Tasse: 50 mm x 68 mm (Tasse) 18 mm x 114 mm
(Untertasse)
Signatur: K 306

Humpen
Porzellan, nach 1922/1938
72 mm x 62 mm x 86 mm
Signatur: K 307

Tasse mit dem Porträt Martin Luthers
Meißener Porzellan, 1930
140 mm x 90 mm (Tasse) 27 mm x 190 mm
(Untertasse)
Signatur: K 184

Tasse mit dem Porträt Martin Luthers
Porzellan, bedruckt, vergoldet, 1934
85 mm x 69 mm
Signatur: K 268

Martin Luther (Abb. 64)
Otto von Kursell
Kunstdruck, 40er Jahre 20. Jh.
700 mm x 575 mm (905 mm x 780 mm)
Signatur: G 142
Thulin 1941, S. 126, Abb. 5

Martin Luther
Lisa Simcik
Gips, 1. Hälfte 20. Jh.
430 mm
Signatur: P 50
Thulin 1941, S. 136, Abb. 38

Martin Luther
Lisa Simcik
Gips, 1. Hälfte 20. Jh.
550 mm
Signatur: P 51
Thulin 1941, S. 130, Abb. 17

Martin Luther
Emma Cotta
Gips, patiniert, 1931
650 mm
Signatur: P 53
Thulin 1941, S. 134, Abb. 25

Martin Luther
Paul Schulz
Gips, patiniert, Anfang 20. Jh.
430 mm
Signatur: P 55
Thulin 1941, S. 134, Abb. 26

Martin Luther
Wolfgang Niedner
Ton, 1935
520 mm
Signatur: P 61
Thulin 1941, S. 131, Abb. 20

Martin Luther
Max Alfred Brumme
Gips, patiniert, 1. Hälfte 20. Jh.
325 mm
Signatur: P 78

Martin Luther
Lisa Simcik?
Gips, patiniert, 1. Hälfte 20. Jh.
530 mm
Signatur: P 85

Martin Luther (Abb. 61)
Hans Haffenrichter
Bronze, patiniert, um 1930
320 mm
Signatur: P 70
Thulin 1941, S. 133, Abb. 29

Festakt zum 450. Geburtstag Luthers
Wittenberg, 10. September 1933 (Abb. 63)
5 Fotografien, 1933

Lutherfest auf dem Marktplatz 1933
Erich Mäckel
Öl auf Leinwand, um 1933
765 mm x 935 mm (930 mm x 1080 mm)
Signatur: G 93

Schutztafel der sowjetischen Kommandantur
Pappe, April 1945

Reformations- und Lutherjubiläen 1967 bis 1983

Festumzug zum 450. Jahrestag der Reformation
Wittenberg, 31. Oktober 1967
Fotografien, 1967
Leihgabe der Lutherstadt Wittenberg

Kontroverse Luther – Müntzer oder der Teufel an
der Wand
Lutz-Rudolf Ketscher
Kaseintempera auf Karton, 1974
210 mm x 285 mm (325 mm x 390 mm)
Signatur: G 148

Beitrag zu einem Jubiläum – Besinnungsplakat zum
Lutherjahr 1983 (Abb. 65)
Matthias Klemm
Fotomontage,1983
840 mm x 600 mm
Signatur: grfl XVII 11516
Strehle, Nr. 1

Modell der Ausstellung im Lutherhaus von 1983
Holz, Acrylglas, 1982
200 mm x 1400 mm x 400 mm
Signatur: K 376

Beteiligte Firmen 1983
Aluminiumblech, Siebdruck 1983
1000 mm x 400 mm x 50 mm
Signatur: K 377

Luther-Ehrung 1983 (Abb. 66)
Bernhard Michel
Kaltnadelradierung, aquarelliert, 1983
360 mm x 297 mm (568 mm x 408 mm)
Signatur: grfl XVII 11327
Strehle, Nr. 40

Luthers Geburtstag (Abb. 67)
Uwe Pfeifer
Farboffset-Zinkografie, 1982
413 mm x 573 mm
Signatur: grfl XVII 11330
Strehle, Nr. 49

Er versuchte diesen brutalen Gott mit aller
Inbrunst zu lieben.
Heidi Vogel
Lithografie, 1982
347 mm x 295 mm (500 mm x 375 mm)
Signatur: grfl XVII 11471
Strehle, Nr. 5

Frevel nicht widerstehen, sondern leiden
Heidi Vogel
Lithografie, 1982
304 mm x 257 mm (495 mm x 375 mm)
Signatur: grfl XVII 11472
Strehle, Nr. 6

Wenn der Papst die Macht besitzt ...
Heidi Vogel
Lithografie, 1982
275 mm x 255 mm (500 mm x 375 mm)
Signatur: grfl XVII 11473
Strehle, Nr. 7

Anstelle Ablass, Absolution, Bannstrahl ...
Heidi Vogel
Lithografie, 1982
293 mm x 282 mm (500 mm x 375 mm)
Signatur: grfl XVII 11474
Strehle, Nr. 9

Und ich kann und will nicht widerrufen ...
Heidi Vogel
Lithografie, 1982
355 mm x 267 mm (500 mm x 375 mm)
Signatur: grfl XVII 11475
Strehle, Nr. 8

Der Christenmensch ist ein freier Herr ...
Heidi Vogel
Lithografie, 1982
412 mm x 295 mm (500 mm x 375 mm)
Signatur: grfl XVII 11476

Denkzettel (Abb. 68)
Helmut Brade, Wilhelm Bartzsch
Siebdruck, 1983
570 mm x 410 mm
Signatur: grfl XVII 11325
Strehle, Nr. 2

ohne Titel (Abb. 69)
Jürgen Schieferdecker
Siebdruck, 1983
503 mm x 400 mm
Signatur: grfl XVII 11579
Strehle, Nr. 3

Joker 83 (Deutsches Blatt) (Abb. 70)
Rolf Müller
Farblithografie, 1983
327 mm x 240 mm (500 mm x 326 mm)
Signatur: grfl XVII 11581
Strehle, Nr. 31

Tischgespräch mit Luther (vgl. Abb. 71)
Uwe Pfeifer
Entwürfe, Guache und Öl auf Karton, dreiteilig,
1982
663 mm x 321 mm; 687 mm x 617 mm;
663 mm x 317 mm
Signatur: grfl XVII 11490 a-c
Strehle, vgl. Nr. 51

Vitrine für die Ausstellung von 1983 im Lutherhaus
Axel Buschmann, Entwurf, 1981
Glas, Holz, Metall, 1983
1060 mm x 990 mm x 490 mm
Signatur. K 378

Blatt von der Luthereiche
Bronziert, auf Karton in Rahmen, 1983
135 mm x 90 mm (200 mm x 150 mm)
Signatur: K 391

Lutherporträt
Zinn, gegossen, auf Holz, 1983
103 mm x 90 mm (220 mm x 110 mm)
Signatur: K 195

Luther-Puzzle mit Dose
Blech bedruckt, Pappe bedruckt, 1983
Ø 160 mm
Signatur: K 209

Mosaiksteinchen vom Turm der Schlosskirche
Keramik, Papier, Folie, 1983
3 x 10 mm x 10 mm (160 mm x 85 mm)
Signatur: K 208

Untersetzer mit Wittenberg-Motiven
Leder, Folie bedruckt, 1983
80 mm x 80 mm (240 mm x 80 mm)
Signatur: K 392

Teller mit dem Wittenberger Marktplatz
Plast, bedruckt, 1983
21 mm x 230 mm
Signatur: K 205

Lutherporträt
Blech, gestanzt, in Rahmen, 1983
155 mm x 115 mm (220 mm x 162 mm)
Signatur: K 198

Lutherporträt
Relief, 1983
Ø 127 mm
Signatur: K 194

Szene zum Lutherjahr
Friederike Fuchs
schamottierter Ton, gebaut, 1983
370 mm x 445 mm x 415 mm
Signatur: P 67
Strehle, Nr. 19

Martin Luther (Abb. 72)
Heinz Zander
Öl auf Hartfaser, 1982
880 mm x 680 mm (1020 mm x 820 mm)
Signatur: G 131
Strehle, Nr. 18

Aufnahmen:

Hagen Immel, Potsdam:
    Abb. 1, 2, 14, 15, 16, 20, 25, 27–29, 32, 35, 37,
    40, 41, 48, 49, 51, 54, 55, 58, 61, 62, 64, 65, 72,
    Tafel 1–4
Foto Kirsch, Lutherstadt Wittenberg: Abb. 24

Digitalisierungen:

Stiftung Luthergedenkstätten, Sachsen-Anhalt:
    Abb. 3–13, 17–19, 21–23, 26, 30, 31–34, 36, 38,
    39, 42–47, 50, 52, 53, 56, 57, 58, 60, 63, 66,–71,
    73–75